Você é o que você come.

Você é o que você lê.

Está com fome?

Vamos lá!

ELOGIOS A

VOCÊ É SENSACIONAL
POR NEIL PASRICHA

"Resiliência é uma mercadoria preciosa diante de todas as pressões da vida e assumiu papel de alicerce neste livro incrivelmente útil escrito por Neil Pasricha. *Você É Sensacional* é mais do que um impulso em sua autoestima — é um determinante de perspectiva para fracasso e sucesso, e uma homenagem às espetaculares reservas da alma humana."

— MITCH ALBOM, autor de *Finding Chika* e
As Cinco Pessoas que Você Encontra No Céu

"Você é vulnerável como o resto de nós? A ferramenta de que você precisa é *resiliência*. Permita que esse livro profundamente pautado em pesquisas seja seu guia passo a passo."

— SUSAN CAIN, autora de *O Poder dos Quietos*

"Neil era um aluno incrivelmente calado, tímido e curioso na minha sala, trinta anos atrás. Há tempos que me aposentei das salas de aula e agora vejo ele se tornar um professor para mim e muitos outros. Este livro é um manual para aqueles que estão estabelecendo suas carreiras e sustentando suas famílias. Mas também serve para nós que estamos na melhor idade, ainda procurando separar um tempo precioso para pessoas e atividades que amamos, mas que encaramos um conjunto de desafios completamente novo. Como sempre, o copo do Neil está meio cheio e seu entusiasmo com a vida é realmente contagioso."

— SRTA. STELLA DORSMAN, Professora do terceiro ano de Neil

"Já enfrentei dificuldades, sofri perdas e tive que ficar mais forte. Resiliência é um músculo que dói para exercitar. O que teria facilitado isso? As palavras de Neil. Este livro. Uma receita para adquirirmos resistência em tempos de vulnerabilidade."

— JAMES FREY, autor de *Um Milhão de Pedacinhos*

"Eu dou cinco estrelas a este livro! Na verdade, avaliação por estrelas é insuficiente quando falamos de Neil Pasricha, e eu dou a ele todo o universo por ser o Sol, a luz, a esperança de felicidade para tantos de nós na vida com seus esforços extraordinários para escrever este livro, e que livro! Parece uma bíblia da felicidade, um mapa do Google para revisitar a vida! Obrigado por mais uma maravilha, Neil..."

— VISHWAS AGGRAWAL, o melhor motorista do Uber
do mundo com nota 4,99 e mais de 5.000 viagens

"Pegue este livro por seu glorioso título autoafirmativo — afinal, você é sensacional! — e fique com ele por seus conselhos sábios e transformadores. Escrevendo em seu estilo cativante de sempre, Pasricha o desafiará a criar resiliência, parar de ser um obstáculo para si mesmo e perseguir uma vida plena de sentido e realizações."

— DANIEL H. PINK, autor de *Quando, Drive* e
Saber Vender É da Natureza Humana

"*Você É Sensacional* é o livro exato de que precisamos para compensar a constante negatividade que vai e vem em nossa vida a cada dia. Pasricha nos força a olhar para dentro e nos tornarmos o melhor que pudermos ser, controlando nossa voz interior e bloqueando todas as distrações."

— MICHAEL LOMBARDI, executivo da NFL com três anéis do
Superl Bowl e apresentador do *GM Shuffle*

"Este livro totalmente encantador colocará um sorriso em seu rosto e um gingado em seus passos."

— ADAM GRANT, escritor de best-sellers do *New York Times*,
autor de *Dar e Receber, Originais* e *Plano B* e
apresentador do podcast do TED, *Worklife*

"Com o estilo patenteado de humor, pesquisa, capricho e perspicácia de Neil, *Você É Sensacional* toca nossos corações e nos mostra o poder de combinar otimismo e resiliência para produzir mais sentido no trabalho, no estudo e em casa."

— SHAWN ACHOR, autor de *Grande Potencial*,
um best-seller do *New York Times*

"Há poucas coisas mais certas em todos os aspectos que os contratempos! Encontrar a resiliência para não apenas lidar, mas também encará-los numa boa e, finalmente, aprender com eles é uma habilidade crucial no mundo imprevisível de hoje. O livro de Neil fornece estrutura e um conjunto de ferramentas inestimáveis. Cheio de ideias práticas e sugestões, com o apoio de anedotas e histórias pessoais que dão vida a elas. Neil conseguiu de novo, produziu um guia para a vida que é pessoal, prático e universal."

— DAVID CHEESEWRIGHT, ex-presidente e CEO, Walmart Internacional

"Neil é um mixologista da felicidade. Ele mistura uma intuição para o sensacional, um senso de humor seco, sabedoria obtida na raça e a quantidade certa de ciência, agita tudo vigorosamente e serve uma bebida para você brindar a uma vida rica, resiliente e profundamente deliciosa."

— MICHAEL BUNGAY STANIER, autor de *Faça do Coaching um Hábito*

"Um livro brilhante, generoso, sincero e legítimo. Neil o ajudará a mudar de vida."

— SETH GODIN, autor de *Tribos* e *Isso É Marketing*

"Um caminho lúdico, porém poderoso, de ansioso a sensacional. Pasricha mistura ciência, história e uma dose saudável de humor para entregar ferramentas e estratégias que cultivam resiliência em um mundo que nunca precisou tanto dela."

— JONATHAN FIELDS, autor, apresentador e criador de
Jornada Para a Boa Vida e Sparketype

"Ninguém conhece o 'sensacional' como Neil Pasricha, e aqui ele explora como podemos deixar nossas vidas mais sensacionais. Com histórias reais e um estilo de conversação, ele mostra como podemos seguir em frente diante de desafios para deixar nossos dias mais plenos e alegres."

— GRETCHEN RUBIN, autora de *Projeto Felicidade* e
Ordem Exterior, Paz Interior

OUTRAS OBRAS DE NEIL PASRICHA

LIVROS

A Equação da Felicidade
The Book of (Holiday) Awesome
The Book of (Even More) Awesome
O Livro do Sensacional

LIVRO DE IMAGENS

Awesome is Everywhere

DIÁRIOS

Two Minute Mornings
The Journal of Awesome

PODCAST

3 Books with Neil Pasricha [conteúdo em inglês]

TED TALKS

"How Do You Maximize Your Tiny, Short Life?" [conteúdo em inglês]
"The 3 A's of Awesome" [conteúdo em inglês]

SITES

neil.blog
3books.co
globalhappiness.org
1000awesomethings.com
[conteúdo em inglês]

Como Lidar Com as Mudanças,
Lutar contra o Fracasso e Viver
uma **VIDA PLENA**

VOCÊ É SENSACIONAL

NEIL PASRICHA

ALTA BOOKS
GRUPO EDITORIAL
Rio de Janeiro, 2023

Você é Sensacional

Copyright © 2023 da Starlin Alta Editora e Consultoria Eireli.
ISBN: 978-85-5081-440-7

Translated from original You are Awesome. Copyright © 2019 by Neil Pasricha. ISBN 978-1-5082-7821-4. This translation is published and sold by permission of Simon & Schuster Canada a division of Simon & Schuster, Inc., the owner of all rights to publish and sell the same. PORTUGUESE language edition published by Starlin Alta Editora e Consultoria Eireli, Copyright © 2023 by Starlin Alta Editora e Consultoria Eireli.

Impresso no Brasil — 1ª Edição, 2023 — Edição revisada conforme o Acordo Ortográfico da Língua Portuguesa de 2009.

Todos os direitos estão reservados e protegidos por Lei. Nenhuma parte deste livro, sem autorização prévia por escrito da editora, poderá ser reproduzida ou transmitida. A violação dos Direitos Autorais é crime estabelecido na Lei nº 9.610/98 e com punição de acordo com o artigo 184 do Código Penal.

A editora não se responsabiliza pelo conteúdo da obra, formulada exclusivamente pelo(s) autor(es).

Marcas Registradas: Todos os termos mencionados e reconhecidos como Marca Registrada e/ou Comercial são de responsabilidade de seus proprietários. A editora informa não estar associada a nenhum produto e/ou fornecedor apresentado no livro.

Erratas e arquivos de apoio: No site da editora relatamos, com a devida correção, qualquer erro encontrado em nossos livros, bem como disponibilizamos arquivos de apoio se aplicáveis à obra em questão.

Acesse o site www.altabooks.com.br e procure pelo título do livro desejado para ter acesso às erratas, aos arquivos de apoio e/ou a outros conteúdos aplicáveis à obra.

Suporte Técnico: A obra é comercializada na forma em que está, sem direito a suporte técnico ou orientação pessoal/exclusiva ao leitor.

A editora não se responsabiliza pela manutenção, atualização e idioma dos sites referidos pelos autores nesta obra.

Dados Internacionais de Catalogação na Publicação (CIP) de acordo com ISBD

P284v   Pasricha, Neil
           Você é sensacional: como lidar com as mudanças, lutar contra o fracasso e viver uma vida plena / Neil Pasricha ; traduzido por Vinicius Rocha. – Rio de Janeiro : Alta Books, 2023.
           288 p. ; 16cm x 23cm.

           Tradução: You Are Awesome
           Inclui índice e bibliografia.
           ISBN: 978-85-5081-440-7

           1. Autoajuda. I. Rocha, Vinicius. II. Título.

                                             CDD 158.1
2022-1189   CDU 159.947

Elaborado por Odilio Hilario Moreira Junior - CRB-8/9949

Índice para catálogo sistemático:
1. Autoajuda 158.1
2. Autoajuda 159.947

Produção Editorial
Editora Alta Books

Diretor Editorial
Anderson Vieira
anderson.vieira@altabooks.com.br

Editor
José Ruggeri
j.ruggeri@altabooks.com.br

Gerência Comercial
Claudio Lima
claudio@altabooks.com.br

Gerência Marketing
Andrea Guatiello
marketing@altabooks.com.br

Coordenação Comercial
Thiago Biaggi

Coordenação de Eventos
Viviane Paiva
comercial@altabooks.com.br

Coordenação ADM/Finc.
Solange Souza

Direitos Autorais
Raquel Porto
rights@altabooks.com.br

Produtora da Obra
Maria de Lourdes Borges

Produtores Editoriais
Illysabelle Trajano
Paulo Gomes
Thales Silva
Thiê Alves

Equipe Comercial
Adriana Baricelli
Daiana Costa
Fillipe Amorim
Heber Garcia
Kaique Luiz
Maira Conceição

Equipe Editorial
Beatriz de Assis
Betânia Santos
Brenda Rodrigues
Caroline David
Gabriela Paiva
Henrique Waldez
Kelry Oliveira
Marcelli Ferreira
Mariana Portugal
Matheus Mello

Marketing Editorial
Jessica Nogueira
Livia Carvalho
Pedro Guimarães
Thiago Brito

Atuaram na edição desta obra:

Tradução
Vinicius Rocha

Copidesque
Edite Siegert

Revisão Gramatical
Gabriela Araújo
Thamiris Leiroza

Diagramação
Lucia Quaresma

Capa
Marcelli Ferreira

Editora afiliada à:

Rua Viúva Cláudio, 291 — Bairro Industrial do Jacaré
CEP: 20.970-031 — Rio de Janeiro (RJ)
Tels.: (21) 3278-8069 / 3278-8419
www.altabooks.com.br — altabooks@altabooks.com.br
Ouvidoria: ouvidoria@altabooks.com.br

SOBRE O AUTOR

NEIL PASRICHA pensa, escreve e fala sobre viver plenamente. Ele é autor de seis best-sellers do *New York Times*, incluindo *O Livro do Sensacional* e *A Equação da Felicidade*, que passaram mais de 200 semanas em listas de mais vendidos e venderam mais de 1 milhão de cópias. Ele apresenta o premiado podcast *3 Books* [*3 Livros*, em tradução livre], no qual está em uma busca de quinze anos para desvendar os livros mais informativos do mundo entrevistando pessoas como Malcolm Gladwell, Angie Thomas e o melhor motorista de Uber do mundo. Ele ministra mais de cinquenta palestras por ano, comparece em auditórios de locais como TED, SXSW e Google. Ele tem diplomas da *Queen's University* e da *Harvard Business School* e mora em Toronto com sua esposa Leslie e seus três filhos. Entre em contato com ele nas mídias sociais em **@neilpasricha**, visite-o no **neil.blog** [conteúdo em inglês] ou mande um alô no **neil@globalhappiness.org**.

Fico muito satisfeito que você esteja lendo todas as letras miúdas. Ninguém lê esta página! Bem, ninguém exceto a gente. Você provavelmente lê rótulos de xampu também, né? Eu adoro isso. Suponho que você se importe e perceba as coisas. Acho que significa que vamos nos dar muito bem.

AGRADECIMENTOS

Porcos-formigueiros, Shawn Achor, Vishwas Aggrawal, Ajay Agrawal, Modo Avião, Mitch Albom, Roberto Alomar, Chris Anderson, Deepak Angl, todos que não colocam propagandas em seus conteúdos, Roger Ashby, Astro Boy, Bar Raval, Cameron Barr, Dave Barry, Aussie Bear, Beck, Pat Belmonte, Plezzie Benitez, Jen Bergstrom, pássaros, Ariel Bissett, Matt Blair, Gale Blank, Tracey Bloom, Judy Blume, Alan Blundell, Michal Bobinski, Sam Bradley, Darren Brehm, Scott Broad, Brené Brown, Ivana Budin, Ryan Buell, George Burford, motoristas de ônibus que te deixam na porta de casa, Keith Bussey, David Cain, Susan Cain, cana-de-açúcar, Jeremy Cammy, Joseph Campbell, Jenny Canzoneri, Holli Catchpole, Francesco Cefalu, o Centro de Tecnologia Humanística, Clare Cheesewright, David Cheesewright, David Cheung, David Chilton, os rejeitos de Cooperstown, Wayne Coyne, Alec Crawford, Creeds, Crystal Pepsi, Roger Cude, Jim Davis, Rob Deeming, Tony D'Emidio, Marilyn Denis, Melvil Dewey, Guilherme Dias, Jeff Dinski, Siobhan Doody, Stella Dorsman, Mike Dover, Drew Dudley, Shera Eales, Kaye Egan, Amy Einhorn, as reticências…, Epictetus, Christine Farrell, Jonathan Fields, Tom Fitzsimmons, James Frey, Rich Gibbons, Malcolm Gladwell, Cassie Glasgow, Seth Godin, Golden Words, Robin Goodfellow, Kevin Groh, Chris Guillebeau, Bob Hakeem, Mohsin Hamid, Kevin Hanson, Kevin Hanson, Ryan Harper, Harper's, Michael Harris, Ivan Held, Sra. Hill, Ryan Holiday, Pete Holmes, Jerry Howarth, Kait Howell, Sr. Howes, Andrew Hughson, Hula, Humble The Poet, Mike

AGRADECIMENTOS

Huntington, Paul Hunyor, Jason James, Mitch Joel, Stephen Johnson, Gary Johnston, Mike Jones, Satish Kanwar, Mitchell Kaplan, Chris Kim, Sra. King, Austin Kleon, Kerri Kolen, Jon Krashinsky, Shivani Lakhanpal, Gary Larson, David Lavin, Joey Lee, Manny Lee, Eleanor LeFave, Jim Levine, Jim Levine, Lexster, Andrew Limmert, Amanda Lindhout, Garry Liu, Beth Lockley, Kurt Luchs, Erik Lundgren, M83, Shelley Macbeth, Sr. Macdonald, Stephen Malkmus, Erin Malone, Mark Manson, Karyn Marcus, Drew Marshall, Elan Mastai, Agostino Mazzarelli, Gillian McClare, McDonald's, Emily McDowell, Janice McIntyre, Doug McMillon, Baxter Merry, Neil Meyers, Mike do BMV, David Mitchell, Brad Montague, Tracy Moore, Sophia Muthuraj, Krishna Nikhil, Danielle Nowakowski, Conan O'Brien, Mr. Olson, Brian Palmer, Sofi Papamarko, The Papercutters, Park & Province, Matt Parker, Shane Parrish, Adrian Pasricha, Akash Pasricha, Ken Pasricha, Nina Pasricha, Sunita Pasricha, Tamin Pechet, Cam Penman, Jen Penman, Farah Perelmuter, Martin Perelmuter, André Perold, Jay Pinkerton, Microsoft PowerPoint, Nita Pronovost, Nita Pronovost, Queen Street West, Felicia Quon, Sarah Ramsey, Heather Ranson, Blaise Ratcliffe, guacamole bem fresca, crocante e salgada, Heather Reisman, An Richardson, Donna Richardson, Karen Richardson, Leslie Richardson, Leslie Richardson, Leslie Richardson, Mara Richardson, Mark Richardson, Rippy, Mel Robbins, Mike Robertson, Rich Roll, Michele Romanow, Gretchen Rubin, Ian Sabbag, Navraj Sagoo, Holly Santandreas, Conrad Schickedanz, Schuster, Jessica Scott, Section A, David Sedaris, Seekers, Ms. Selby, Seneca, Mariette Sequeira, Brian Shaw, Rita Silva, Simon, Simon & Schuster, Derek Sivers, Justin Skinner, Lesley Smith, Lauren Spiegel, Michael Bungay Stanier, Trey Stone, estranhos que fazem caretas para bebês, Rita Stuart, Amit Taneja, Sumeer Taneja, Nassim Taleb, Kate Taylor, Ryan Taylor, Os Toronto Raptors, campeões da NBA de 2019, todos os professores

AGRADECIMENTOS

que trabalham incansavelmente só porque amam seus alunos e querem fazer a diferença em suas vidas ainda que eles não recebam basicamente nada em troca, Freddo Thate, Ron Tite, Adrian Tomine, Toshi Auntie, árvores, Brent Underwood, Chad Upton, Tim Urban, Gary Urda, David Foster Wallace, Michele Wallace, Sydne Waller, Frank Warren, água, Bill Watterson, Westy, Tom Wolfe, Bob Wright, Joan Wright, e zebras.

SUMÁRIO

Introdução: Você Precisa Ser Mais Resiliente   xix

SEGREDO Nº 1

Acrescente os Três Pontinhos

1. Uma invenção de 500 anos que podemos usar hoje   9
2. O que acontece quando você vê além do ponto final?   13
3. Eu não danço... ainda.   17
4. Mantenha suas opções infinitas   21
5. A simples palavra que faz isso acontecer   23

SEGREDO Nº 2

Desvie o Holofote

1. Quem fracassa mais intensamente e o que
podemos fazer quanto a isso?   41
2. Você acha que não, mas você se encaixa   43
3. Não aumente. Não engrandeça. Não amplie.   47
4. O efeito holofote   51
5. Como você desvia o holofote?   57

SUMÁRIO

SEGREDO Nº 3
Veja a Coisa como um Degrau

1. A ilusão do fim da história — 73
2. Volte ao começo — 81
3. Você já fez sexo casual o bastante? — 85
4. "O que é um blog?" — 89
5. Assimile — 91

SEGREDO Nº 4
Conte uma História Diferente a Si Mesmo

1. Os pântanos da alma — 107
2. Afinal, de quem é a culpa no jogo da vergonha? — 109
3. Que história você está contando a si mesmo? — 113
4. Incline as lentes — 117
5. Três grandes perguntas para ajudar a desvendar esse segredo — 121

SEGREDO Nº 5
Perca Mais para Ganhar Mais

1. "Faça de graça por dez anos." — 135
2. Conduza o desfile do fracasso — 137
3. O que fotógrafos de casamento, o T-1000 e Nolan Ryan têm em comum? — 143
4. A mágica da hipertrofia que muda vidas — 147
5. O que há de errado em todo discurso de abertura — 149
6. Três jeitos fáceis de revelar este segredo — 151

SEGREDO N° 6

Revele para Curar

1. Qual a religião que mais cresce no mundo? 169
2. Um milhão de cartões-postais mostram do que precisamos 173
3. A prática matinal de dois minutos 181

SEGREDO N° 7

Encontre Lagos Pequenos

1. A história transformadora do reitor 195
2. Qual é o problema com o apê de 5 milhões de dólares? 203

SEGREDO N° 8

SEJA INTOCÁVEL

1. As duas perguntas a serem feitas antes de sair do seu emprego 217
2. O ruído está aumentando 221
3. Como desaparecer completamente 225
4. As 3 desculpas usadas contra esse segredo 229

SEGREDO N° 9

NÃO PARE JAMAIS

1. Há magia em fazer coisas com simplicidade 241
2. Eles não estão errados. Você não está certo. 245
3. Cada conexão é uma oportunidade 251
4. Você só pode ir em frente 255

Fontes 259

INTRODUÇÃO

Você Precisa Ser Mais Resiliente

Há uma antiga fábula taoista sobre um fazendeiro e um cavalo. Você já ouviu? Ela é assim:

Um fazendeiro tinha só um cavalo. Um dia, seu cavalo fugiu.

Seus vizinhos disseram: "Lamentamos muito. Que notícia ruim. Você deve estar muito chateado."

O homem apenas disse: "*Talvez*. Pode ser ruim ou não."

Alguns dias depois, seu cavalo voltou, seguido por vinte cavalos selvagens. O homem e seu filho colocaram todos os vinte e um cavalos no curral.

Seus vizinhos disseram: "Parabéns! Que notícia boa. Você deve estar muito feliz."

O homem apenas disse: "*Talvez*. Pode ser uma notícia boa ou não."

Um dos cavalos selvagens deu um coice no filho único do homem, quebrando-lhe as duas pernas.

INTRODUÇÃO

Seus vizinhos disseram: "Lamentamos muito. Que notícia ruim. Você deve estar muito chateado."

O homem apenas disse: "*Talvez* não seja tão ruim assim."

O país entrou em guerra e cada rapaz habilitado foi convocado à batalha, mas o filho do fazendeiro foi poupado da convocação por estar com as pernas quebradas.

Seus vizinhos disseram: "Parabéns! Que notícia boa. Você deve estar muito feliz."

O homem apenas disse: "*Talvez...*"

Qual é a desse fazendeiro maluco, né?

Bem, o que há com esse fazendeiro maluco é que ele desenvolveu a verdadeira resiliência. Ele a cultivou e, por isso, é resiliente! Também é estável, alerta e sabemos que, não importa o que o futuro lhe trouxer, ele vai encará-lo de frente e gritar "Manda ver".

O fazendeiro compreendeu que cada prazer incrível ou derrota devastadora não define *quem ele é*, mas meramente *onde ele está*.

Ele sabe que o que acontece em sua vida só serve para ajudá-lo a ver onde está e para onde ir em seguida.

Também sabe que cada fim é um começo.

Sempre que leio a fábula do fazendeiro e seu cavalo, imagino um retrato de um João Bobo, aquele que fica no canto de uma festa de aniversário infantil.

Sabe do que estou falando?

INTRODUÇÃO

Refiro-me a um destes:

Soque o nariz dele! Ele cai e levanta. Jogue-o ao chão com um abraço de urso! Ele cai e levanta. Deu um golpe baixo de caratê na orelha dele?

Ele cai.

E levanta.

Resiliência.

Na minha jornada para pensar, escrever e falar sobre como vivemos uma vida plena — enquanto brigo com meus demônios interiores — o conceito de resiliência assumiu rapidamente o lugar de destaque.

Eu não estava procurando por ele!

Há dez anos minha esposa me deixou, e meu melhor amigo se suicidou. Canalizei cada decepção para a simples prática de escrever uma coisa sensacional por dia em um blog chamado *1000 Awesome Things* [*1000 Coisas Sensacionais*, em tradução livre]. O blog se tornou meu primeiro livro.

O Livro do Sensacional fala sobre **gratidão.**

INTRODUÇÃO

Cinco anos depois, eu conheci e me apaixonei pela Leslie, e então nos casamos. Ela me disse que estava grávida no voo de volta da nossa lua de mel. Quando pousamos, eu comecei a escrever uma longa carta para meu filho que nem tinha nascido sobre como viver uma vida feliz. Aquela carta se tornou meu último livro.

The Happiness Equation [*A Equação da Felicidade*, em tradução livre] fala sobre **felicidade**.

Agora eu digo que a resiliência se destacou claramente.

Por quê?

Porque resiliência é uma habilidade em falta nos dias de hoje. Poucos de nós passamos fome ou estivemos em guerras ou, sejamos honestos, qualquer forma real de escassez. Nós temos tudo! E o efeito colateral é que não temos mais as ferramentas para lidar com o fracasso nem mesmo com a percepção de fracasso. Hoje, quando caímos, ficamos lá chorando na sarjeta. Estamos virando um exército de bonecas de porcelana.

Depois da palestra mais recente que ministrei, umas cinquenta pessoas esbaforidas correram para me fazer a pergunta que representava tudo que me perguntam em todo lugar:

"Meu filho era capitão do time de futebol da escola, e se graduou com honras na Duke! Ontem de noite me ligou chorando de novo porque o chefe lhe mandou um e-mail grosseiro! O que há com ele? E com a gente? E o que faremos quanto a isso?

O que *há* conosco?"

Vivemos em um mundo em que não nos curvamos mais — nós nos quebramos. Quando derramamos, espirramos. Quando rachamos, espatifamos. O *New York Times* relata que um a cada três adolescentes tem ansiedade clínica. Celulares nos mostram que nunca somos bons o bastante. As inquietudes de ontem são os ataques de pânico de amanhã. E quanto aos índices de depressão, solidão e suicídio? Não param de crescer!

Não conseguimos lidar com isso.

Hoje precisamos aprender as habilidades que o fazendeiro tinha aos montes. E precisamos aprender rápido. Volatilidade, incerteza e complexidade estão se acelerando. Mudança? Constante. A mais recente perturbação? Perturba ainda. Enquanto isso, sabemos que relacionamentos sempre vão ser abalados e que a vida sempre, sempre, sempre tem outros planos.

Do que precisamos?

Ser como o fazendeiro.

O que queremos?

Ser como o fazendeiro.

Precisamos juntar todas as incertezas, falhas e mudanças que vêm em nossa direção e usá-las como embalo para nos impulsionar a avançar, avançar e avançar.

Este livro fala sobre **resiliência**.

É uma série de nove segredos pautados em pesquisas, compartilhados por meio de narrativas pessoais, sobre como passamos de resistentes a mudanças a prontos para mudanças, de propensos a falhas à prova de falhas, de suscetíveis a impassíveis, de ansiosos a sensacionais.

A vida é curta, frágil, bela e preciosa.

E somos mesmo sensacionais.

Tudo que nós precisamos são de algumas setas de direção para indicar como nos colocar de volta aos trilhos quando sairmos deles.

Este é um livro com nove setas.

Espero que goste dele.

Neil

SEGREDO N° 1

Acrescente os Três Pontinhos

Minha mãe nasceu em Nairóbi, no Quênia, em 1950.

A caçula de oito crianças — em uma casinha longe do centro da cidade — ela era calada, tímida e sempre foi o neném.

Na época em que minha mãe nasceu, o Quênia era composto em sua maioria de negros (quenianos natos), pardos eram minorias (a classe indiana oriental importada para colocar a economia nos eixos) e os brancos eram a cereja do bolo (os colonizadores ingleses que comandavam tudo).

A classe indiana oriental incluía o pai da minha mãe, que se mudou de Lahore, Índia, para Nairóbi, na década de 1930 com o objetivo de ajudar a construir a ferrovia.

Os ingleses conquistaram o Quênia no final dos anos de 1800, e o país só conquistou a independência em meados da década de 1960. Então, quando minha mãe nasceu, era basicamente um país governado pelos ingleses, com pessoas brancas no poder. Pessoas brancas conduzindo o governo e dirigindo as melhores escolas.

Minha mãe não nasceu branca.

Então ela não nasceu a pessoa *certa*.

E ela não nasceu do gênero certo, também.

O que eu quero dizer com isso?

Quero dizer que meus avôs tiveram sete filhos antes da minha mãe. Quatro meninas e três meninos. Como minha mãe e as irmãs dela contam, meus avôs esperavam ansiosos por um último menino para equiparar o número de filhos e deixar a divisão certa, quatro meninos e quatro meninas.

Meninos eram uma posse valorizada na cultura. Tudo o que todos queriam.

Por gerações sempre houve mais dinheiro para educação e treino de homens, o que quer dizer que eles eram financeiramente autossuficientes. Mulheres, por outro lado, dependiam de maridos abrirem suas carteiras todo domingo para soltar uns poucos xelins e assim fazer a feira e comprar roupas para a família. Mulheres tradicionalmente são "casadas" e se juntam às famílias de seus maridos para cuidar de seus sogros em vez de seus próprios pais. Então ter um filho fornecia uma *pensão cultural* muito antes de existirem pensões de verdade. Sem checagens de idade mensais! Só sua nora cozinhando lentilhas ao curry para você e servindo seu chai.

Para piorar, a cultura compensava homens ainda mais por fornecer-lhes um *dote*. O que é um dote? Eu não entendi até ser adulto, mas um dote é um velho presente arcaico dado pelos pais da noiva para os pais do noivo como se fosse para dizer "Obrigado por tirar nossa filha de nossas mãos".

A propósito, eu quis dizer *velho* mesmo. Até um dos textos mais antigos do mundo, o Código de Hammurabi, datado de quase quatro mil anos atrás, fala sobre dotes desta maneira, como presentes para a família do noivo. E eu quis dizer *presente*. Um dote normalmente

SEGREDO N° 1

inclui joias, propriedades e grandes montantes em dinheiro, resultando em um fardo financeiro pesado para qualquer um com uma filha para desposar.

Quando meus avós tiveram minha mãe, todos esses custos e fardos adicionais surgiram. Parte meu coração pensar em minha mãe abrindo seus olhinhos recém-nascidos, lentamente mergulhando no mar de rostos diante dela, e qual foi a primeira coisa que ela viu?

A decepção de todos.

Como foi aquele fardo familiar, o sentimento de não ser desejada, comunicado para minha mãe? Do jeito que normas culturais profundas são comunicadas normalmente — como um pesado cobertor invisível pressionando-a, uma força que ela não podia ver, mas era sentida intuitivamente.

Quando um menino nascia, amigos e vizinhos diziam *"Bad-haee ho!"*, que significava "Maravilha, ótimo, parabéns!". E quando uma menina nascia? "Chalo koi nahi." Qual a tradução disso? "Continue tentando. Bola pra frente. *Bem* — siga em frente."

Pelo que minha mãe descreveu, havia um sentimento fatalista de encerramento e finitude sobre tudo. "Minha vida estava ordenada", disse-me ela. "Estava decidida." Gênero, cultura e tradições apontavam para uma linha de chegada surrada que ela podia ver em seu futuro. A vida dela era como uma frase ou uma sentença. Algo preordenado e punitivo.

Sem senso de possibilidade, sem opções... sem três pontinhos.

Só o fim. Ponto final.

Quando cresceu, minha mãe presenciou suas irmãs mais velhas terminando a mesma sentença: tiradas da casa da família, uma a uma, casadas com um homem escolhido por seus pais, para fornecer-lhe crianças e comida caseira enquanto cuidava dele e de seus pais. Perante a frase de uma vida terminando em um ponto final, minha mãe teve uma escolha a fazer: ela veria além desse ponto?

E quanto a você?

Já sentiu que não tem opções?

Já sentiu que não tem uma escolha?

Já viu o ponto final da sua vida?

Nós temos esse sentimento de vez em quando.

Às vezes, somos dominados por um sentimento fatalista de encerramento e finitude na sentença ou frase de nossas vidas. Talvez seja crescer em uma cultura dominada por homens sem opções visíveis. Talvez seja cuidar de um familiar doente e sempre se colocar por último. Talvez seja sentir-se preso em seu emprego depois de vinte anos de estudo e uma pilha de dívidas sufocante. Talvez sua família esteja morando em um país em que seu pedido de visto para se reunir a eles seja sempre rejeitado. Talvez eles não o promovam, talvez eles não o liberem.

O que fazer quando pode ver o futuro no caminho que está percorrendo, mas não gosta do lugar ao qual ele leva?

Bem, há uma mentalidade crucial a ser adotada. Não é sobre desistir. Não é sobre dar as costas e fugir. Porque nós sabemos que a vida não é simples assim. Conselhos de discursos de abertura nem sempre funcionam. *Siga seu coração! Faça o que ama!*

"Meu coração me disse para segui-lo. E ele me largou."

"Eu queria fazer o que amo, mas eu tenho contas, responsabilidades e outras pessoas."

Às vezes a coisa mais difícil de fazer é apenas tomar a decisão de continuar em frente.

Às vezes a coisa mais difícil de fazer é apenas tomar a decisão de continuar respirando, se movendo, funcionando, operando.

Um ponto significa ceder às circunstâncias da vida, ceder diante de coisas que parecem estáticas, coisas que parecem impossíveis, coisas que parecem muito dolorosas.

Um ponto é uma concessão.

O que precisamos guardar no coração é a silenciosa coragem de mudar a pontuação de nossas vidas. O que precisamos guardar é a ideia de que resiliência significa ver o livre-arbítrio que existe além do ponto.

Precisamos nos ater ao desejo de ver além do ponto final.

Ver além do ponto.

E acrescentar os três pontinhos.

1

Uma invenção de 500 anos que podemos usar hoje

Em termos gramaticais, os três pontinhos são chamados de reticências.

A doutora Anne Toner é uma acadêmica da Universidade de Cambridge que por anos estudou a história das reticências. Eu não estou brincando. Mas há boas notícias. Ela a descobriu! Sim, a primeira vez que os famosos três pontinhos apareceram foi em 1588 na tradução inglesa da peça *Andria,* do dramaturgo romano Terêncio.

Vamos fazer uma pausa para observarmos um pouco de caligrafia borrada de meio milênio atrás. As primeiras reticências. Nerds de trívia e história, virem a página para verem essa maravilha encapsulada em âmbar...

Parecem batatinhas, não? Bem, vamos ver se conseguimos arranjar algum novo tipo de pontuação que o mundo inteiro vá usar em 500 anos. Não é fácil. Mas havia alguma ajuda. Ben Jonson começou a usá-las em suas peças pouco depois e então aquele velho Bardo Bill Shakespeare se uniu à contenda. Bum! Foi o equivalente à Idade Média ser retuítada pela Oprah. As reticências então saíram de lá até Virginia Woolf e Joseph Conrad. Hoje, até a Adele usa os três pontinhos quando exibe os primeiros acordes de seu novo álbum em comerciais de TV.

Sem zoeira, a Dra. Toner até mesmo escreveu um livro inteiro sobre as reticências chamado *Ellipsis in English Literature: Signs of Omission* [*Reticências na Literatura Inglesa: Sinais de Omissão*, em tradução livre] e escreveu nele que as reticências são "uma inovação brilhante. Não há peça impressa antes… que marque frases inacabadas desse jeito".

Frases inacabadas?

O que mais é uma frase inacabada?

A resposta é: tudo.

Tudo que você faz, todo rumo que você toma, todo diagnóstico que você recebe, todo muro no qual você tromba, todo contratempo, todo fracasso, toda rejeição. Todas essas experiências são parte de uma frase inacabada da sua história de vida.

Às vezes, a melhor coisa que você pode fazer é aprender a acrescentar os três pontinhos… e seguir adiante.

2

O que acontece quando você vê além do ponto final?

Vamos voltar ao Quênia.

No caso da minha mãe, havia pesada pressão política, cultural e familiar ao seu redor, então ela manteve sua boca fechada e cabeça baixa em vez de bradar contra normas culturais. Ela acrescentou três pontinhos encontrando uma forma de seguir adiante. Ela não raspou a cabeça e começou a fumar em vielas escuras. Não, enquanto seus três irmãos mais velhos recebiam a maior parte da atenção, apreciação e dinheiro para educação que sua família tinha, ela se juntou às suas irmãs varrendo o chão, pilotando o fogão e lavando uniformes.

Para manter-se de mente afiada, ela se sentava na varanda e memorizava as placas dos carros que passavam. Ela ansiava por um desafio mental. Então ela encontrou um lugar seguro onde podia satisfazê-lo em silêncio.

Por que placas de carro? "Não havia nada mais para memorizar", contou-me mais tarde. "Era um jogo para mim, só para ver se eu conseguia." Ela via um carro que já conhecia, e, se acertasse os números de longe, ela se parabenizava silenciosamente. À noite, no canto da cozinha barulhenta, ela estudava matemática sob luzes fracas e olhares curiosos. Nenhuma de suas irmãs se dedicou tanto aos trabalhos escolares. Quem precisava estudar tanto só para cozinhar lentilhas ao curry e servir chai?

Considerando que ela tinha sete irmãos mais velhos crescendo e saindo de casa, a maioria de sua educação foi autodidata. Os pais dela não tinham tempo para livros com figuras antes de dormir ou noites em claro montando um vulcão para a feira de ciências da escola. Isso seria risível. Não, era só uma pilha de livros de exercícios, uma pilha de papel e outra de lápis. Se defenda. Repita a operação.

Todo seu estudo atingiu um ponto crítico em 1963, quando ela fez o Exame Nacional padronizado do governo com todos os outros jovens de 13 anos do país.

E o que aconteceu?

Ela obteve a nota mais alta.

Do país inteiro!

De repente uma gorda bolsa de estudos caiu em seu colo e ela foi retirada da casa de sua família para um internato formal inglês no interior do país com todos os filhos ingleses dos colonizadores. Ela era a mais jovem de oito meninos e a primeira a sair de casa para o internato. E ainda com uma bolsa de estudos.

SEGREDO Nº 1

Ela colocou os três pontinhos na história dela por meio de sua criação. Decorando placas de carros. Dever de casa extra. Sempre depois de cozinhar e lavar.

E então?

Ela passou do ponto final. A sua história continuou...

Mas sempre há mais pontos adiante.

Sempre.

"Eu não conseguia acreditar", contava minha mãe. "A escola era o céu na terra. O lugar era tão lindo. Sabíamos que havia escolas só para brancos, para os governantes. Eu fiquei pasma quando cheguei lá. Todos eram tão ricos vindo nos melhores carros com chofer. Fiquei assustada. Eu nunca imaginei que me permitiriam entrar. Eu não me sentia igual aos outros alunos. Eu só queria ir para casa."

Quantas vezes você passou de um ponto final e só quis ir para casa?

"Eu nunca imaginei que me permitiriam entrar. Eu não me sentia igual aos outros alunos."

Quantas vezes você já se sentiu assim? Eu me sinto assim o tempo todo. Finalmente conseguiu aquela promoção? Agora é o novo emprego, novo chefe, novas maneiras de fazer as coisas — e lá vem aquela vontade de fugir de lá. Um familiar doente melhorou? Agora você precisa confrontar o futuro para o qual dizia não ter tempo. O visto foi aprovado? Ótimo! Agora, como você realmente se sente a respeito de deixar sua cultura e pais idosos para trás para começar tudo de novo?

VOCÊ É SENSACIONAL

Quando passamos do ponto final, a batalha recomeça. Você pode sonhar em jogar a toalha, parando antes de começar, colocando um ponto final bem grande no final de cada nova frase para que você não tenha que continuar andando, lutando, trabalhando, tentando. Mas é sobre voltar a fazer a mesma coisa que estamos falando aqui.

E se, em vez disso, você colocasse três pontinhos e mantivesse suas opções abertas?

Há força em se mover lentamente em meio às emoções.

Há força em deixar a história continuar.

3

Eu não danço... ainda.

Nos anos seguintes, a vida da minha mãe foi preenchida rezando a Prece do Senhor, decorando passagens de Shakespeare e comendo ovos cozidos no canto da cantina da escola. Depois de se debruçar sobre os livros longe de amigos e da família, ela se graduou aos 17 anos e começou a sentir sua vida de volta aos trilhos, como se ela tivesse vencido, tudo estivesse se organizando aos poucos.

Então o telefone tocou.

Era o pai dela.

Ele pediu para ela ir para casa imediatamente.

"Estou morrendo", contou-lhe ele. "Vá ser alguém na vida."

Ele faleceu dias depois, bem quando a violência e a instabilidade política estavam crescendo na África Oriental. O ditador Idi Amin estava expulsando todos os asiáticos orientais da fronteiriça Uganda e cresciam os temores de que o Quênia seria o próximo.

VOCÊ É SENSACIONAL

Minha mãe colocou os três pontinhos quando criança, mas agora recebeu novas provações enquanto adolescente: a morte repentina de seu pai, seu país natal inseguro, e aquelas mesmas pressões culturais pesadas agora recaíram sobre minha avó para amealhar um dote e conseguir um marido para minha mãe.

"Foi ótimo você conseguir estudar... mas agora precisamos mesmo desposar você."

Então minha mãe foi para a Inglaterra com a mãe dela para morar em Londres enquanto seus irmãos mais velhos partiram e se estabeleceram em suas vidas de casados. Meu pai veio do Canadá em visita durante férias de verão, momento em que as famílias se apresentaram. Eles saíram em um encontro (um!) e então houve um casamento arranjado duas semanas (semanas!) depois. E então? Ele levou minha mãe para a casa dele em um subúrbio pequeno e sujo a uma hora a leste de Toronto, no Canadá.

E, de repente, isso parecia ser *outro* ponto final.

A migração global da minha mãe aconteceu muito rápido. Ela caiu de paraquedas naquele subúrbio sujo, sem nenhum indiano por perto, subitamente casada com um cara que viu duas vezes na vida — incluindo o casamento —, com a mãe, os irmãos e amigos a um oceano de distância.

Eu nem imagino como aquilo deve ter sido assustador.

Outro desafio, outro baque, outro nó na mangueira, outro lugar que parecia ser o fim de uma frase.

Mas ela perseverou, continuou adiante, continuou colocando os três pontinhos.

Quando veio para o Canadá, minha mãe só havia comido carne umas poucas vezes. Meu pai era professor e a levou a churrascos depois da aula e jantares com rosbife do Rotary Clube, aos quais eles iam com uns vinte brancos. Comida indiana não era amplamente disponível, então era carne, carne e mais carne. E assim eram os subúrbios nos anos 1970. Falar que era vegetariano significava tirar pedaços de bacon de sua salada César e ir para casa com fome. O que minha mãe fez? Ela se misturou à multidão.

Quando ela veio para o Canadá, nunca havia dançado em um baile na vida. Nunca havia ouvido falar em dança de salão. Porém o ideal de diversão do meu pai era ir ao Clube Loreley, um clube alemão local, e valsar com minha mãe no salão. Então ela se permitia ser conduzida na valsa. Eu lembro de ouvir essa história crescer e ganhar importância.

"Mas você não dança!", falei.

E ela disse: "Eu não fazia nada que seu pai fazia. Mas o que eu deveria ter feito? Ficado sentada em casa? Eu dizia a mim mesma que eu não dançava… ainda."

Eu perguntei como ela lidou com tantas guinadas: novo país, novo marido, novo emprego, novos amigos, novas comidas, novos passatempos. Ela parecia estar sempre em movimento. Mas como ela conseguia mudar tudo tão rápido?

Era sobrevivência?

Ela me contou que só mantinha as opções abertas. Colocando três pontinhos no final da frase. Deixando as coisas acontecerem para que pudesse navegar adiante com uma posição de força em vez de sentir como se todas as suas portas estivessem fechadas.

4

Mantenha suas opções infinitas

Um estudo do MIT confirmou o valor de colocar os três pontinhos.

Os pesquisadores Dan Ariely e Jiwoong Shin mostraram que a mera *possibilidade* de perder uma opção no futuro aumenta sua atratividade ao ponto de as pessoas investirem dinheiro para manterem aquela opção. Como eles disseram em seu estudo: "A ameaça de indisponibilidade faz o coração ficar mais afeiçoado."

Qual o sentido disso?

O sentido é que, apesar de ser difícil de admitir e de ver isso e, certamente fazê-lo, nós realmente ansiamos, no subconsciente, por colocar aqueles três pontinhos.

A vida é uma jornada de possibilidades infinitas — quando você nasce pode ser qualquer coisa, fazer qualquer coisa, ir a qualquer lugar — a zero possibilidades, quando você morre. Então estou propondo que o jogo de verdade seja continuar mantendo essas opções abertas o máximo que você puder.

Como o fazendeiro, precisamos acrescentar um "Talvez" quando a vida nos arremessar na estratosfera ou nos lançar de forma brusca de um barranco ao lado de uma estrada deserta.

Precisamos nos lembrar e constantemente trabalhar para desenvolver a força, continuar seguindo adiante e sempre acrescentando os três pontinhos...

5

A simples palavra que faz isso acontecer

Coloque três pontinhos.

Parece impertinente.

Mas como? Como podemos fazer isso? Enquanto caímos, sentimos isso, enquanto olhamos para cima vendo a luz desaparecendo sobre nós, como? Qual é a ferramenta que podemos usar para tentar colocar essa teoria em prática?

Bem, isso se resume a acrescentar uma palavra a nossos vocabulários.

É a palavra que eu ouvi minha mãe usar sem parar durante minha criação.

E a palavra é "ainda".

"Ainda" é uma palavra mágica para acrescentar em qualquer frase começada por "eu não posso", "Eu não sou" ou "Eu não".

Peraí! Eca! Quem fala desse jeito? Quem é tão negativo assim? Bem, todos nós fazemos isso. Fazemos sim! Nós *declaramos* coisas sobre nós *para* nós. Nós fazemos proclamações!

O teste foi rejeitado? "Não sou criativo."

Foi cortado do time? "Não sou bom nos esportes."

Resultado ruim no exame de sangue? "Eu não me cuido."

E também não é só quando estamos caindo.

Nossa conversa negativa é ainda mais recorrente quando estamos realizando tarefas banais do dia a dia. Só trilhando o caminho. Pintando livros de colorir. Brincando de amarelinha.

Por que se casar se não estiver apaixonado?

"Não consigo conhecer gente nova."

Por que se colocar por último enquanto cuida de alguém que você ama?

"Eu não tenho opções melhores."

Por que fazer Direito se você não quer?

"Não sou bom em mais nada."

Nós falamos assim. E sempre que falamos, estamos colocando pontos finais nas frases que poderíamos ter continuado.

Eu uso as histórias da minha mãe para mostrar como teria sido fácil para ela apenas parar e desistir, puxar a tomada. É muito mais difícil manter as coisas ligadas. É mais difícil colocar um "ainda" no final de um autojulgamento.

SEGREDO N° 1

Como essa palavra mágica funciona na prática?

"Eu não consigo conhecer gente nova... ainda."

"Eu não tenho opções melhores... ainda."

"Não sou bom em mais nada... ainda."

"Eu não danço... ainda."

Quando arrumamos coragem para acrescentar um "ainda" em frases sobre nós mesmos, deixamos nossas opções abertas. Acrescentar a palavra "ainda" é empoderador. Coloca um pequeno ponto de interrogação em uma certeza negativa a que nos apegamos tão fortemente em nossas mentes. Nos permite manter ambas as ideias. A ideia de que não podemos e a ideia de que podemos.

Deixa a porta aberta.

Acrescenta um "Continua..."

Enquanto crescia, minha mãe nunca deixava a história dela terminar.

E ao passar dos anos ela continuou enfrentando vários desafios. O início repentino de uma doença mental. A morte chocante de sua irmã mais próxima. Muitos momentos em que ela poderia ter encerrado as coisas com um ponto final. Mas, em vez disso, ela sempre acrescentou três pontinhos.

Esse é o primeiro passo para cultivar a resiliência enquanto estiver caindo.

Resiliência é ser capaz de ver aquele fino raio de luz entre a porta e o batente quando você ouve o clique da fechadura.

O convite para o baile foi recusado? Eu não tenho um par... ainda.

Não conseguiu a promoção? Eu não sou um gerente... ainda.

Colesterol está além do limite? Eu não me exercito... ainda.

Minha mãe nunca colocou um ponto final no novo continente no qual ela se encontrava aos vinte e poucos anos de idade.

"Aqui não parece um lar... ainda."

Ela nunca colocou um ponto final no casamento arranjado para o qual sua família a conduziu.

"Eu não conheço esse homem... ainda."

Ela nunca colocou um ponto final no internato onde lhe foi pedido para rezar para um novo Deus de uma nova religião em uma nova língua.

"Não estou segura nesta escola... ainda."

Ela nunca colocou um ponto final quando nasceu a quinta menina de uma família que ansiava por um quarto menino.

"Eu não sei o que farei... ainda."

Contratempos não a desanimavam.

Ela via só aquele raio de luz.

Então quando sentir que está caindo, não termine a frase.

Em vez disso, coloque três pontinhos...

SEGREDO N° 1

ACRESCENTE OS TRÊS PONTINHOS

SEGREDO Nº 2

Desvie o Holofote

Qual foi seu primeiro emprego em tempo integral?

Eu tive vários empregos de meio período.

Entregador de jornais. Varredor de folhas. Babá. Contador de pílulas na farmácia do meu primo. Eu mandei bem naqueles empregos! Dominei a arte de arremessar jornais enrolados com elásticos em varandas, fazer pilhas enormes com folhas varridas, e brincar com as crianças da rua enquanto comia os salgadinhos delas.

Mas meu primeiro emprego em tempo integral?

Bem, eu fui contratado como gerente assistente de marcas para a Covergirl e Max Factor dentro da gigantesca firma Procter & Gamble.

Ou P&G, como todos chamavam.

Foi meu primeiro emprego depois de me formar na universidade.

E eu fui um fracasso total nele.

Peguei um ônibus e dois trens para o escritório no meu primeiro dia. Lembro que tinha 22 anos e andava da estação de metrô enquanto encarava aquele monólito opulento branco da P&G perfurando as nuvens, perfeitamente posicionado no topo de uma extensa colina, sombreando a rodovia movimentada.

VOCÊ É SENSACIONAL

Eu era um recém-formado novinho em folha repleto de medo, empolgação e energia nervosa, mas também tinha certa arrogância. A P&G submeteu a mim e outros milhares de candidatos um teste de matemática e inglês, nos fez preencher um longo formulário online, participar de jantares em grandes grupos com recrutadores, entrevistas de grupo logo no começo e então uma viagem a campo à cidade grande, estilo *American Idol*. Não, eu não chorei lágrimas de alegria diante do espelho com minha mãe enquanto amarrava uma bandana xadrez na cabeça, mas a companhia pagou uma passagem de trem de primeira classe, além de vinho e jantar, e então me colocou no palco diante de uma turma de juízes para uma entrevista bem exigente.

Então por que a arrogância?

Porque quando fui contratado, os recrutadores me disseram: "Nós visitamos uma dezena de campi, fizemos um montão de entrevistas, trouxemos um grupo de pessoas ao escritório central e então contratamos... você. Você é o *único* formado em tempo integral que contratamos esse ano que nunca trabalhou aqui como estagiário no verão antes."

"Por que eu?", pensava. Eu era meio que médio. Na universidade, muitos alunos foram bem acima de mim na lista do reitor e se formaram com honrarias. Não eu. Eu nunca atingi nenhum destaque acadêmico. Eu era o cara que só se virava.

Mas a P&G viu isso de forma diferente. "Sabe, estamos procurando alunos *preparados*, não apenas supercérebros. Nosso processo de contratação é tão detalhado que cortamos todo mundo. Bom, *quase* todo mundo."

Eu fiz umas contas rápidas e notei que a P&G desembolsou uns belos seis dígitos só para me colocar porta adentro. E eu vi páginas de salários que a minha universidade disponibilizou mostrando quanto dinheiro meus colegas de graduação e eu estávamos ganhando. Graduados em marketing recebiam salários entre US$24 mil e US$51 mil.

E meu salário inicial era US$51 mil. Isso significa que eu era o graduado em marketing mais bem pago daquele ano. Eu estava no topo da faixa salarial.

E aquilo não incluía o bônus pelo contrato, quatro semanas de férias e mais benefícios que eu jamais conseguiria usar.

Benefícios? Que benefícios?

Benefícios malucos.

Refiro-me a dois *ergonomistas* em jalecos brancos visitando minha mesa para garantir que as entradas de aquecimento e refrigeração estavam apontadas adequadamente, minha mesa e meu teclado estavam na posição correta e que o descanso para pés inclinado sob meus sapatos baratos estava em um ângulo ergonômico correto. Me mostraram um botão que eu poderia apertar no meu telefone que discava para um departamento da P&G *na Costa Rica* para que eu pudesse mudar a temperatura na minha mesa a hora que eu quisesse. Aparelhos dentais? Aconselhamento? Palmilhas? Tudo garantido! Até me deram US$2 mil por ano para gastar em massagens com os três massagistas em tempo integral que *trabalhavam dentro do escritório* todo santo dia. "Por favor", diziam eles, "vamos massagear essas suas costas repletas de nódulos entre suas reuniões sempre que pudermos".

Eu entrei no saguão da P&G no meu primeiro dia me sentindo como se fosse Charlie Bucket segurando seu bilhete dourado.

VOCÊ É SENSACIONAL

Eu conheci minha chefe, Stacey, no saguão. Ela estava meia hora atrasada e se desculpou enquanto subíamos de elevador até minha nova mesa. Nós saímos do elevador até um ambiente dividido em cubículos como um quebra-cabeças, com paredes parecidas com aqueles labirintos em que colocam ratos brancos para correr e encontrar um pedaço de queijo. Homens com sobrancelhas franzidas vestindo camisas engomadas chiques e segurando pilhas de papéis da copiadora *realmente passaram correndo por mim*. Paredes de vidro em todos os lados do andar exibiam uma vista de cartão-postal perfeita de vales verdes bucólicos, grandiosos arranha-céus centrais e um lago azul brilhante adiante.

Mostraram-me minha mesa, que tinha um laptop preso a uma *docking station*. Stacey me viu observando a tranca. "Não se preocupe", disse ela, "acorrentamos o computador à mesa, não seus calcanhares. Espionagem e headhunters são algo grande nessa indústria. Os competidores já reviraram nossas lixeiras. Nós levamos a confidencialidade muito a sério".

Ela me entregou uma caixinha de cartões de visitas que, para enfatizar o que ela disse, apenas tinha meu nome, o nome da empresa e o número do telefone geral.

Sem nome do cargo, sem endereço de e-mail ou linha de telefone direta, nada.

Eu me senti como um assassino de aluguel.

"Não colocamos o nome do seu cargo ou informações de contato em seu cartão de visitas porque headhunters mapeiam nossos organogramas. E se alguma informação de contato direto aparecesse nos cartões, você receberia ligações o dia todo. Todo mundo sabe que trabalhar na

SEGREDO N° 2

P&G é *o* ingresso para qualquer emprego em marketing no mundo. Nossos recepcionistas são treinados para dispensarem headhunters e competidores, então você não será incomodado enquanto trabalha."

A piada que ouvi sobre me tornar um "Procteroide" estava começando a fazer sentido. Quando comentei com amigos mais velhos que estava trabalhando na Procter & Gamble, eles descreveram os funcionários da Procter como aqueles lindos androides ultra bem-sucedidos que sorriam com dentes perfeitos, eram sempre gentis em reuniões, malhavam na academia, comiam de forma supersaudável, falavam e escreviam da mesma maneira e até mesmo vestiam os mesmos tipos de roupas.

Procteroides.

Em seguida, no meu primeiro dia, teve o "Café da Manhã com o Presidente". Eu me sentei com o presidente da empresa e com todo mundo que estava voltando para cargos de horário integral de seus estágios de verão. Enquanto todos ao redor da mesa contavam seus históricos, notei que eu era o único completo novato.

Então foi a hora do presidente falar conosco. Ele era um cara bonitão e educado na casa dos 40 anos com uma espessa cabeleira preta ondulada.

"Vocês notarão que todo mundo nesta sala é um recém-formado de uma excelente universidade de administração", disse o presidente. "É só quem contratamos. Nossa política é ter 100% de promoções internas. Não contratamos pessoas com dois, cinco ou dez anos de experiência. Só contratamos pessoas sem experiência."

"Queremos que vocês sejam bem-sucedidos aqui. Na verdade, *precisamos* que sejam bem-sucedidos. Se fracassarem, significa que terá um vácuo em nosso sistema de promoções. Então a empresa funciona assim: metade de vocês será promovida a um novo cargo em dois ou três anos. Depois, dessas pessoas promovidas, metade *irá* para um outro novo cargo, um nível mais alto. E assim por diante. Vinte anos atrás, eu comecei no mesmo lugar em que vocês estão agora."

Aquele cara era impressionante, todos nós queríamos ser como ele.

Estava claro que éramos jovens, novos e moldáveis.

Estava claro que era uma verdadeira oportunidade à la Charlie Bucket.

O que não estava claro é que eu estava prestes a cair de cara no chão.

★ ★ ★

Depois que acabaram todas as reuniões de apresentação e oficinas de escrita de e-mails, eu finalmente comecei a me orientar.

Apesar de não constar no meu cartão de visita, o título do meu cargo era Gerente Assistente de Marcas para a maquiagem Covergirl e Max Factor. Eu era responsável por toda a marca Max Factor, que era relativamente pequena, e a gigantesca categoria de Olhos e Lábios da Covergirl.

Olhos e Lábios!

Parecia que eu era um açougueiro de quinta categoria num bairro barra pesada.

Então, o que um Gerente Assistente de Marcas faz? Bom, eu era o chefe da marca. Eu tinha que decidir onde anunciar, como anunciar, quanto cada produto deveria custar, onde inserir um novo produto e quando retirar um de circulação.

Como eu deveria fazer isso?

Coletando dados de um monte de fontes diferentes, jogando em imensas planilhas de Excel e então criando gráficos e tabelas que acabariam sendo pontos-chave em famosos documentos internos da P&G conhecidos como relatórios de uma página.

Talvez eu quisesse recomendar o descarte de todos os nossos anúncios impressos para favorecer mais anúncios online. Eu passei duas semanas procurando todos os dados de históricos de vendas mapeados e comparei todas as campanhas impressas e online e fiz extrapolações estatísticas para provar que cada dólar gasto em propaganda online resultava em US$3 em vendas e cada dólar gasto em propaganda impressa resultava em US$2 em vendas. Então eu joguei todas as minhas descobertas em um relatório de uma página e passei outras duas semanas apresentando-o em reuniões até fazer todos os chefões assinarem a favor dele.

Para fazer isso tudo, eu ficava no trabalho até 22h. E eu fazia reconhecimentos, como um assassino de aluguel. Eu e meu colega de trabalho, Ben, visitamos a farmácia vizinha dali e em segredo anotamos os preços de todos os produtos nas prateleiras, e então voltamos e inserimos todos em planilhas de Excel.

"Você precisa fazer isso para cada revendedor no país", disse Ben.

"Quanto tempo isso levará?"

"Talvez umas duas semanas", disse ele, "se fizer isso todas as noites. Você talvez precise usar o carro ou contatar pessoas em cidades diversas. Precisa também acessar todos os custos e custos históricos de cada item em particular desse banco de dados arcaico, que é bem confuso e normalmente não inclui todos os dados que você precisa".

Eu achava que marketing seria um trabalho de PowerPoint.

VOCÊ É SENSACIONAL

Gráficos, imagens, ideias.

Mas era um trabalho de Excel.

Coletar dados, escrever fórmulas, processar números.

Pouco depois da minha contratação, fiquei vesgo de tanto encarar a tela o dia todo. Eu nunca conseguia coletar os dados adequadamente. Eu era péssimo para encontrar erros em planilhas de quinhentas linhas e as requisições da minha caixa de entrada se empilhavam três vezes mais rápido do que eu era capaz de atender, o que me deixava em constante estado de ansiedade e desamparo.

Minha conversa negativa comigo mesmo aumentou. Tudo era sobre mim. Cada frase começava com "eu sou ruim", "eu não consigo", ou "eu não posso". Nem notamos o quão naturalmente esses momentos de autossabotagem surgem quando começamos a cair.

Não demorou muito até as coisas piorarem.

Eu tive uma reunião com Tony, o chefe da minha chefe, na qual ele me sabatinou sobre alguns elementos do próximo lançamento do batom Covergirl Outlast, sobre o qual eu estava confuso.

Eu recebi uma reprimenda da Stacey depois da reunião.

"Eu espero que você saiba todos os seus números!", avisou ela.

"Mas tem mil e quinhentos itens e eu não faço ideia do que ele perguntará. É muita coisa para lembrar."

Ela me lançou um olhar raivoso. Eu comecei a trabalhar à noite e nos fins de semana. Senti que eu era o problema. Claramente eu não estava trabalhando o bastante. Isso é o equivalente a bater os braços e as pernas para nadar mais rápido em uma piscina.

SEGREDO Nº 2

Quando ia ao trabalho nos fins de semana, eu me surpreendia com o estacionamento do escritório cheio de carros esportivos enquanto processávamos planilhas de Excel no andar de cima tentando descobrir onde fazer propaganda sobre o novo desodorante ou se deveríamos descontinuar o papel higiênico de folha simples em detrimento do de folha tripla.

Parecia ser um problema de tempo.

Parecia ser um problema comigo.

Quem já sentiu isso antes sabe que há uma sensação profunda na boca do estômago quando você trabalhará sentindo que simplesmente não é bom no que faz. É essa a parte que normalmente não percebemos quando vemos pessoas que não estão dando o seu melhor. Não notamos que *elas também não gostam daquilo.*

Ninguém acorda querendo ser horrível em seu trabalho.

É péssimo quando somos ruins e sabemos disso.

É diferente de sentir que você é um novato, mas está aprendendo. É diferente de sentir que não está sendo tratado justamente ou que o sistema trabalha contra você.

Estou falando sobre ir até seu local de trabalho em uma manhã de segunda-feira se sentindo um fracasso. Sentindo que o que você deveria fazer é algo que quer desesperadamente ser capaz de fazer e se esforçaria ao máximo para fazer bem, mas parece que nunca conseguirá.

Preenchemos nossas mentes com mensagens inspiradoras nos encorajando a "Apenas fazer!" ou "Seguir seu coração!" e então quando não conseguimos fazer algo ou reconhecemos que não somos bons em alguma coisa, nos sentimos encalhados. Desistir é um problema ("Apenas faça! *Não desista!")* e não desistir também é um problema ("Siga seu coração! *Faça o que ama!").*

Como resultado, a indústria da autoajuda pode, na verdade, ser bem tóxica e oferecer uma surpreendente quantidade de conselhos contraditórios. Contradições não nos fazem muito bem quando estamos sofrendo o mesmo que Han Solo ao ser congelado em carbonita.

Mãos ao alto, boca aberta, expressão de dor.

Incapaz de se mover.

Eu comecei a ranger os dentes, me remexer à noite e acordar com um sentimento de pânico no estômago.

Eu comecei mentalmente a atuar numa peça chamada *A Morte do Trabalhador de Cubículo.* Eu me coloquei como protagonista no meio do palco, olhando para a plateia com meus olhos redondos enquanto a cortina de veludo vermelho subia.

E então um holofote se acendeu.

Em meus olhos.

Em meu rosto.

Em meu fracasso.

1

Quem fracassa mais intensamente e o que podemos fazer quanto a isso?

A pesquisadora de psicologia Marisen Mwale da Universidade Mzuzu, em Malawi, realizou um estudo em que observou as causas percebidas de fracasso entre adolescentes de bom e fraco desempenho.

Como muitos bons estudos, ele confirmou o que maioria de nós já suspeitava: todo mundo fracassa. Sabemos disso. Mas o que acontece quando os *com alto desempenho* fracassam? Você acertou. Eles fracassam mais intensamente, muito mais do que os com fraco desempenho.

"É culpa minha", eles pensam. "Eu fracassei, apesar de me empenhar muito; eu não era bom o bastante" ou "Eu fracassei porque *eu sou* o problema".

E quanto aos de fraco desempenho? Eles costumam colocar a culpa de seus fracassos no azar ou na dificuldade da tarefa. Claro que é provável que eles reclamem mais, mas também são mais propensos a reconhecerem honestamente quando o sistema não lhes permite obter sucesso. Pegam mais leve consigo mesmos. Eles admitem que fatores além de seu controle podem ter afetado o resultado.

Enquanto as apostas aumentam de forma contínua, os padrões se elevam incessantemente, a pressão por desempenho fica cada vez maior, há um risco real de que mais pessoas estejam nesta categoria dos com alto desempenho que pegam pesado consigo mesmos. Talvez você já esteja nela, eu sei que estou.

Então, o que podemos fazer a respeito?

Bem, uma coisa que podemos fazer é: falar mais a respeito disso, compartilhar nossos fracassos, pedir ajuda e varrer o brilho da perfeição que há em nós.

Por quê? O que isso fará?

Bom, Karen Huang, Alison Wood Brooks, Ryan W. Buell, Brian Hall e Laura Huang, da *Harvard Business School* publicaram um trabalho chamado "Mitigating Malicious Envy: Why Successful Individuals Should Reveal Their Failures" ["Mitigando a Inveja Maldosa: Por que Indivíduos de Sucesso Devem Revelar Suas Falhas", em tradução livre]. Esse trabalho revelou que discutir falhas ajuda a nos humanizar. Claro que ajuda!

Quando eu digo "Cara, eu vacilei", eu pareço normal, real e relacionável. O que acontece então? Bem, relações interpessoais melhoram quando somos empáticos com as falhas da outra parte. E sabe o que mais? Essa é a parte divertida: níveis de "inveja do bem" aumentam nos outros.

O que é inveja do bem?

É o tipo de inveja boa. O oposto de inveja maldosa. A inveja do bem é contagiosa de maneira positiva, e motiva outros a melhorarem seus próprios desempenhos.

Então a próxima vez que você vacilar e achar que deve esconder isso, lembre-se de que assim não fará bem algum a ninguém. Então compartilhe, confesse, deixe outros por dentro, porque então os outros serão empáticos com você e continuarão crescendo.

2

Você acha que não, mas você se encaixa

O que estava acontecendo na P&G?

O que realmente se passava durante essa espiral?

A questão era que eu dizia a mim mesmo que a culpa era minha.

Estava analisando meu desempenho, resultados e retornos e projetando-os de volta em uma tela na minha cabeça com frases grandes e feias como "Eu sou péssimo no meu trabalho", "Estou decepcionando meus chefes" e "Estou perdendo dinheiro da empresa".

Lembra do estudo das pessoas com alto desempenho?

Estava me culpando por tudo e dizendo a mim mesmo que eu era o problema.

VOCÊ É SENSACIONAL

A questão é que quando fazemos tais projeções autodestrutivas, nós cremos nelas.

Nossas mentes são tão afiadas que podem nos destruir.

Para mostrar o quanto isso é perigoso, veja um estudo de 2013 chamado "Too Fat to Fit Through the Door" [Muito Gordo para Passar Pela Porta, em tradução livre] de Anouk Keizer e uma equipe de pesquisadores da Universidade de Utrecht, na Holanda.

Nesse estudo, os pesquisadores observaram mulheres com e sem anorexia passarem por portas enquanto pediam a elas para executar uma simples tarefa, que as distraía mentalmente, com o objetivo de não prestarem atenção a seus corpos.

O que aconteceu?

Anoréxicas viraram os ombros e se espremeram de lado ao passar pelas portas muito mais do que o grupo sem anorexia. Mesmo que tivesse bastante espaço para passar, elas ainda achavam que eram muito gordas para passarem.

Estou dizendo que você tem anorexia? Que tem um distúrbio alimentar? Que tem uma doença mental? Não, não, não, nada disso. Afinal, o que estou dizendo a você?

Sua imagem pode estar se projetando para fora em suas ações de formas potencialmente sem sentido.

Principalmente se você pega pesado consigo mesmo como eu faço.

Por quais portas você está tentando se espremer agora? Sabe de uma coisa?

Você consegue passar. Provavelmente não é o problema.

SEGREDO N° 2

E quanto ao nosso ambiente moderno?

Ele ajuda a evitar que nos dissociemos dos desafios que encaramos? Ele nos faz acreditar que tudo é culpa nossa?

Sim, sim, definitivamente, sim.

Vivemos em um mundo em que os parafusos estão muito apertados. Há uma embalagem a vácuo capitalista garantindo que tudo seja mais adequado, feliz e produtivo. Então, às vezes, o estresse de todos nós aumenta muito.

Entenda, ninguém da P&G jamais me falou "Isso demorará um bocado, Neil", "É normal sentir que não sabe nada por seis meses" ou "Vamos ajudá-lo com alguns erros para que aprenda como se faz".

Não, ninguém era tão relaxado. Eles não poderiam ser! Nosso mundo não tem mais espaço para ser relaxado. Não temos mais espaço para que sejam pacientes com você, o treinem lentamente ou que permitam que cometa pequenos erros e aprenda com eles. Estamos correndo nossas maratonas tão rápido que precisamos passar o bastão para uma estrela supertreinada no primeiro dia toda vez!

Isso não significa que meus chefes na P&G eram cruéis. Eles claramente não eram. Meu ponto é que eles tinham amplas expectativas e precisavam da minha ajuda. E rápido! Os parafusos os estavam apertando muito também.

Não é surpresa que seja tão mais difícil aprender essa lição enquanto caímos do que quando estamos realmente bem. E, talvez, não seja algo pessoal. Por que é tão difícil aprender? Porque ninguém conta isso para nós! Nem as mensagens online, nem o mundo em

VOCÊ É SENSACIONAL

que vivemos, nem nossos chefes no trabalho. Então achamos que o problema é sempre nosso. Quando falhamos, enfiamos a ponta de uma faca em nossas barrigas e giramos.

O que estamos fazendo conosco?

Bem, um estudo publicado no *Psychological Bulletin* [*Boletim Psicológico*, em tradução livre], em 2016, declarou que o "Perfeccionismo Está Aumentando ao Longo Do Tempo". No estudo, os pesquisadores Thomas Curran, da Universidade de Bath e Andrew P. Hill, da Universidade York St. John alegam que "gerações recentes de jovens percebem que os outros exigem mais deles, mais dos outros e mais de si mesmos".

Queremos ser demasiadamente perfeitos.

O que faz nossas falhas machucarem ainda mais.

3

Não aumente. Não engrandeça. Não amplie.

Depois de mais uns dois meses na P&G, fui colocado em um Plano de Melhoria de Desempenho, também conhecido como PMD. É um documento elaborado que essencialmente diz: "Queremos demiti-lo, mas não temos um registro de suas ações suficientemente detalhado, então vamos criar um juntos!"

Respondi muito mal a ser PMDizado. Eu fiquei bravo, irritado e ranzinza com tudo isso. Agi de formas das quais me arrependo, como falar mal do meu chefe, ser rude em trocas de e-mails e partilhando cenários de demissão dramáticos com amigos no Messenger.

"Chute todos os armários de arquivos", sugeriu meu amigo Joey. "Jogue a plantinha de alguém pela janela."

Vejo agora que minha raiva brotou do meu profundo desapontamento comigo mesmo.

VOCÊ É SENSACIONAL

Aquela era a emoção básica.

Eu achava que era péssimo e não gostava de ser péssimo. Então eu surtei. Culpei os outros. E aquilo azeitou as engrenagens da minha espiral descendente, porque agora, além de produzir resultados pífios, eu me tornei um colega de trabalho muito chato.

Temos que nos lembrar de que, às vezes, o colega "bravo e com baixo desempenho" apenas começou com baixo desempenho... e ninguém o ajudou.

Lembro-me de estar sentado em uma sala de reuniões em uma empresa diferente, anos depois de ter saído da P&G.

Vários executivos advertiram um gerente operacional sobre seus resultados mensais ruins. Depois que a repreensão terminou e o gerente com baixo desempenho saiu prestes a chorar, o CEO disse algo do canto da sala que jamais esquecerei. Ele sacudiu um pouco a cabeça, mas não para o gerente com baixo desempenho, mas para sua equipe executiva que tinha acabado de detonar o pobre coitado. A sala estava silenciosa e ele disse só duas sentenças profundas: "Ele não precisa saber o que está fazendo de errado. Ele precisa saber como fazer a coisa certa."

Era essa a raiz do problema.

Na P&G as coisas só pioraram. Eu usei benefícios da empresa para providenciar um protetor bucal porque, por estar tão ansioso, comecei a ranger os dentes enquanto dormia. Continuei trabalhando por noites e fins de semana na esperança de que uma luz surgisse e repentinamente me tornasse um gênio processador de números capaz de responder a todos os e-mails. Minha chefe me enviava mensagens cujo assunto era "Oi, Neil. Pedido rápido de cinco minutos! Resposta

SEGREDO N° 2

solicitada" e, então, passava três dias tentando elaborar a análise para responder à sua solicitação e ver como ela documentava minha performance no Plano de Melhoria de Desempenho.

"Demorou três dias para responder um pedido de cinco minutos."

Estava perdido no quanto eu era ruim em tudo e comecei a extrapolar mentalmente a partir daquele desconforto. Sentia como se meus colegas de equipe, meus chefes e a empresa estivessem me encarando com olhos marejados e profundamente desapontados, assistindo minha carreira chique e caríssima cair do penhasco e explodir em uma enorme bola de fogo.

Disse a mim mesmo que se todo mundo sabia que meu desempenho na área de marketing era insatisfatório, então estava descartada como uma opção de carreira para mim. Meu próximo empregador em potencial ligaria para meus chefes na P&G e eles diriam que eu fui um péssimo colaborador. Disse a mim mesmo que, como marketing foi minha melhor matéria na universidade, nada mais era sequer uma opção. Disse a mim mesmo que não conseguiria lidar com outro emprego em escritório, e se largasse outro emprego, também estaria deixando o lugar onde conheceria minha futura esposa, porque escritórios são lugares cheios de outros jovens profissionais qualificados.

Eu não teria uma comunidade. Não haveria ninguém como eu. Em lugar algum. Ponto final.

Eu me imaginei com 55 anos de idade, cabelo penteado para trás com gel, vendendo videocassetes restaurados em uma exposição em Cleveland, enquanto dava em cima desesperadamente de vendedoras esquisitas no bar do hotel antes de desistir e cair fora, e por fim me masturbar pateticamente solitário em cima de lençóis brancos

VOCÊ É SENSACIONAL

surrados, cercado de bandejas metálicas de serviço de quarto com restos frios de sanduíches e batatas fritas na frente de uma TV velha exibindo reprises de *ALF*.

Quando as coisas não saem do nosso jeito, exageramos o tamanho dos nossos problemas. Nós os engradecemos, transformando-os em catástrofes! Achamos a porta pequena demais para passarmos. Sentimos os olhos de todos em nossa inaptidão. Decidimos que o pesadelo só piorará!

Mas e se estivermos errados?

4

O efeito holofote

Em 2000, um estranho termo abriu caminho até o mundo da psicologia através da publicação *Current Directions in Psychological Science* [*Instruções atuais em ciência psicológica*, em tradução livre]. Os psicólogos Thomas Gilovich e Kenneth Savitsky cunharam o termo "efeito holofote".

O que é o efeito holofote?

É o sentimento de que estamos sendo notados, vistos, observados, e, o mais importante, *julgados,* muito mais do que realmente estamos. Por sermos o centro de nossos mundos, acreditamos ser o centro do mundo de todas as outras pessoas também.

Gilovich, da Universidade Cornell, se uniu a Justin Krueger, da Universidade de Illinois, em Urbana-Champaign, e Victoria Medvec, da Universidade Northwestern, para se aprofundarem no efeito holofote. Eles selecionaram um grupo de alunos da Cornell e pediram-lhes para estimarem suas habilidades aos olhos dos outros em três áreas: aparência física, desempenho atlético e habilidades no videogame.

VOCÊ É SENSACIONAL

Adivinhe só? Os participantes constantemente superestimaram o quanto suas forças e fraquezas eram percebidas pelos observadores. Isso era importante? Sim! Os pesquisadores alegaram que o medo de julgamento pode contribuir para a ansiedade social e arrependimentos angustiantes.

E se acharmos que o holofote está sempre sobre nós, mas não está, qual é a saída?

É simples.

Desvie o holofote.

Lembre-se de que acredita que o holofote está iluminando você e que todos na plateia escurecida estão vendo, observando e esperando.

Mas eles não estão.

Então, como desviar mentalmente o holofote para longe de você?

Tim Urban escreve o blog incrivelmente popular *Wait But Why*, e uma de suas postagens mais compartilhadas foi "Taming the Mammoth: Why You Should Stop Caring What Other People Think" ["*Domando o Mamute: Porque Você Deveria Parar de se Importar com o que os Outros Pensam*", em tradução livre]. Essa postagem por si só já vale a leitura, mas ele também acrescenta dois quadrinhos no final que me fizeram rir alto ao reconhecer o que estamos falando aqui.

O primeiro quadrinho mostra *como achamos que as coisas são*.

Ele exibe um boneco de palitinhos cercado por uma multidão encarando você. É assim que achamos que as coisas são! É o efeito holofote. A legenda diz: "Todo mundo está falando de mim e da minha vida. Pense só no quanto todos falarão sobre isso se eu fizer essa coisa arriscada ou estranha."

SEGREDO Nº 2

O segundo quadrinho mostra *como as coisas são na verdade*.

E como as coisas são na verdade?

Bem assim:

A legenda embaixo do segundo quadrinho diz: "Ninguém se importa de verdade tanto assim com o que você está fazendo. As pessoas estão bastante concentradas em si mesmas."

Acreditamos que o holofote está sobre nós.

Mas não está.

Quando fracassamos, achamos que todos os olhos estão voltados para nós. Achamos que tudo é sobre a gente! Ser péssimo no trabalho significa ser humilhado publicamente e dormir com uma bandeja de sanduíches ou viver em uma caixa na rua. O fim difícil de um relacionamento significa o fim da vida afetiva. Uma inscrição para uma universidade rejeitada significa claramente que você é um cabeça oca cuja vida está prestes a encalhar no doloroso mundo do salário mínimo.

SEGREDO N° 2

Pegamos pequenos problemas e os extrapolamos em tamanhos maiores com toda a nossa identidade em jogo.

E quanto mais jovens formos, mais fazemos isso, uma vez que temos menos experiência para nos ajudar a entender que as coisas normalmente dão certo no final. Uma vez superado o fim difícil de um relacionamento, você estará um pouco melhor preparado para o próximo. Depois que superar uns três, estará melhor ainda. Quando você for péssimo em um trabalho, estará um pouco melhor na próxima vez.

Mas fracassar a primeira vez é mesmo terrível.

5

Como você desvia o holofote?

Eu saí da Procter & Gamble.

Saí em uma tentativa de manter alguma dignidade.

Enquanto meu Plano de Melhoria de Desempenho continuava sendo preenchido, eu sabia que estava prestes a ser mandado embora em algumas semanas. Porém eu não conseguia lidar emocionalmente com a ideia de que seria demitido. Então dei à empresa o que achei que ela queria... e eu saí.

Depois de pular por todos os aros de fogo da contratação, faturar um bom salário e deixar minha confiança aumentar, larguei o emprego dos sonhos em uma empresa renomada. Eu disse adeus ao meu ótimo contracheque, às massagens, ao trabalho com gente da minha idade, à identidade corporativa estilosa. Joguei tudo fora e me senti enojado, horrível, desapontado, constrangido e envergonhado.

Como eu disse: *o primeiro fracasso machuca demais*.

Não vi na época e nem por, pelo menos, dez anos que o fracasso da P&G me ajudou a ficar mais confortável com o desconforto. Ele me ajudou a descobrir o sentimento de ter um desempenho ruim e aprender a *dançar com ele*, contornar, tê-lo ao meu lado, mas não para sempre *dentro de mim*.

Como desviamos o holofote?

Precisamos estar atentos e lembrar que somos rápidos para internalizar, autoflagelar, apontar a faca direto para nossas barrigas, deixar o holofote nos iluminar diretamente. Mas uma grande parte da resiliência, de lembrarmos que somos realmente incríveis, é executar essa separação mental crucial.

"Ah, espere aí. Acho que esse fracasso é todo por minha causa. Estou apontando o holofote para mim mesmo e levando toda a culpa aqui."

Pare. Separe. Lembre-se:

Na verdade, é egoísmo pensar que tudo é sobre você.

Encare o fato dessa forma. Por quê? Porque é verdade. Considere quantos outros fatores estão envolvidos e muito além do seu controle.

Você se deu mal naquela inscrição para a universidade com a qual estava contando? Bem, claro que você pode se punir por isso e se cegar com o holofote! Mas pode se lembrar de que a universidade tinha inúmeros bons candidatos. Números. Cotas. Alojamentos. Ela tem agentes de admissão que são humanos e podem ter dias ruins, preconceitos inconscientes ou talvez saibam melhor se realmente você seria ou não capaz de estudar lá.

SEGREDO N° 2

É egoísta, arrogante e pretensioso achar que tudo é sobre você.

Desvie o holofote de você ao lembrar que nem sempre é sobre você e que é arrogante sempre achar que é.

Então, o que fazer?

Dance com ele. Trabalhe com ele.

Posicione-o ao seu lado, não dentro de você.

Não é sobre você. Não é sobre você. Não é sobre você.

Você precisa desviar o holofote.

Por quê?

Porque há muito mais trabalho a fazer.

E você não pode começar até desviar aquela luz.

SEGREDO Nº 2

ACRESCENTE OS TRÊS PONTINHOS

◇

DESVIE O HOLOFOTE

SEGREDO N° 3

Veja a Coisa como um Degrau

E u a conheci em um show do Pixies.

Eu tinha 24 anos e estávamos lá com amigos em comum dançando e cantando nos fundos de um armazém perto do aeroporto em uma noite quente de outono.

"Essa é minha música favorita!", gritou ela ao som das guitarras tocando "Wave of Mutilation". "É do *Pump Up the Volume*, quando eu era criança!"

Algumas festas barulhentas depois, quebramos o gelo e tivemos aqueles encontros lentos e sonhadores, com longas conversas, sorrisos de cumplicidade e de falar para uma garçonete após a outra "Desculpe, ainda não olhamos o cardápio inteiro".

Ela tomou sorvete no café da manhã e comeu massa gourmet no jantar. Uma alma velha com velhos valores, ela estava completamente à vontade consigo mesma, tão à vontade comendo pizza fria em um guardanapo quanto vestindo uma roupa elegante para confraternizar em uma festa chique de fim de ano.

Confiante e forte como um touro, ela era uma atleta nata que jogou no time de basquete do oitavo ano quando ainda estava no quinto. Levada de treino em treino, de time em time, ela aprendeu como trabalhar em equipe, perder com graça e jantar no carro.

VOCÊ É SENSACIONAL

Ela queria ser professora desde que tinha 10 anos de idade.

Depois de concluir sua licenciatura, entrou no sistema público de ensino, e como todos os alunos da escola dela sofriam com alguma dificuldade de aprendizagem, ela passava horas dominando a Conversa da Higiene, a Conversa da Proteção e a Conversa do que Diabos Eu Faço Depois do Colegial.

Um molho de chaves tilintando em seu pescoço, hematomas nas coxas, ela chegava em casa suada e queimada de sol depois de um jogo de vôlei e passava noites preparando lições de matemática, assando biscoitos para aniversários ou saindo para ver "os meninos dela", como ela os chamava, jogarem beisebol com seus times municipais em quadras locais.

Um amor novo o alimenta como uma droga e lhe dá energias que você não sabia que tinha. Depois que saí da P&G, eu não sabia o que fazer, então abri uma lanchonete com meu pai em minha cidade natal. Eu enviei algumas inscrições para voltar aos estudos, mas sentia mesmo que precisava tentar para valer. Eu queria provar para mim mesmo que poderia ter sucesso em alguma coisa. Qualquer coisa! Então, depois de fechar a lanchonete à noite, eu dirigia umas duas horas debaixo de tempestades de neve até o apartamento dela vestindo minha camiseta grudenta e manchada de mostarda, com cheiro de salame defumado e pia suja, mas me sentindo no topo do mundo, apesar de ter que dar meia volta e dirigir de volta algumas horas depois.

Mas isso tudo valia a pena.

SEGREDO N° 3

Ela me aquecia com um queijo quente gorduroso e então colocávamos nossas luvas e caminhávamos à luz da lua ao redor do pequeno lago atrás de sua casa. Flocos de neve molhados caíam ao nosso redor, enquanto atravessávamos uma ponte escorregadia sobre um rio, entre árvores altas, segurando nossas mãos enluvadas. Com os narizes vermelhos e fungando, com olhos vivos e brilhantes, nós nos fitamos e nos beijamos em um daqueles momentos mágicos como nos filmes.

Depois que o inverno se transformou em primavera e a primavera se transformou em verão, em uma ponte menos escorregadia sobre um rio menos congelado... eu a pedi em casamento.

E ela disse sim.

Enquanto isso, minha lanchonete tinha um movimento irregular.

Havia meses em que eu lucrava e meses que não. Eu passei muitas noites de sexta-feira esfregando privadas e derretendo neurônicos com espuma de limpar forno. Eu me senti um fracasso outra vez. Eu estava com dificuldades para afastar a imagem das minhas batalhas e desviar o holofote de mim.

Quando uma carta chegou dizendo que, de algum jeito, eu entrei para Harvard, senti-me como se um golfinho tivesse vindo me resgatar no meio do oceano. Segurei-me em sua barbatana, vendi a lanchonete, e o deixei me levar pulando através das ondas até Boston, para retomar os estudos.

Temos webcams, planos de interurbanos e programas de milhagem para nos vermos nos feriados ou fins de semana prolongados. Passamos o ano planejando nosso casamento, e no verão seguinte nos casamos sob céus azuis profundos em um dia ensolarado de julho.

VOCÊ É SENSACIONAL

E, então, fui para meu segundo ano na universidade.

Dessa vez ela foi comigo e tentou uma transferência para lecionar em uma escola secundária em Boston, mas problemas intermináveis com a papelada acabaram por fazê-la distribuir toalhas no ginásio em Harvard em vez de encontrar uma garotada de lá para lecionar e orientar. Ela sentia muita falta de dar aulas e no Natal concordamos que ela voltaria para casa e eu iria em seguida, com meu diploma, poucos meses depois, na primavera.

E quando o inverno seguinte se transformou em primavera, eu sentei de beca e capelo diante de um palco no Harvard Yard ouvindo o paraninfo, sem conseguir parar de sorrir. Porque sentia de verdade que eu finalmente, finalmente, *finalmente* estava colocando minha vida nos trilhos e minha esposa e eu íamos começar nossas vidas juntos, de verdade.

Eu me mudei, compramos um sofá, compramos uma casa, pintamos paredes, assamos hambúrgueres na churrasqueira e tentamos nos estabelecer na vida longa e feliz que começamos a imaginar naqueles encontros lentos e sonhadores de três anos atrás.

E apesar de querermos muito, mas muito mesmo que nosso casamento desse certo, às vezes a felicidade não dura.

Eu me lembro quando soube.

Era um dia de verão que passamos escalando uma pequena montanha em Adirondacks. Ela tinha estado entusiasmada o dia todo, usando joelhos e mãos para escalar pedras achatadas gigantes, empolgada ao observar o horizonte de árvores em cada nova vista. Eu estava sempre cinquenta passos atrás, resmungando sobre como estava cansado e dolorido. Ela estava encantada com a aventura e amava o ar fresco, as vistas e os cheiros da natureza. Eu senti falta das conversas de quatro horas que esperava e passava meu tempo matando mosquitos, ralando meus joelhos e me preocupando porque pensava ter escutado ursos atrás de mim.

Quando finalmente desabamos em nosso quarto de hotel naquela noite, havia silêncio entre nós. Eu conseguia sentir algo. Acho que ela também. Apesar de passarmos o dia todo juntos, não conversamos quase nada.

"Como você acha que estão as coisas... entre nós?", perguntei suavemente, com calma e alguma coragem.

Eu queria que ela arrancasse a ansiedade de mim. Dissesse que estava tudo bem. Batesse a portinhola que eu estava abrindo em meu cérebro, e me ajudasse a sair do mar bravio na minha cabeça que me dizia para me preparar para outro grande fracasso.

Mas ela não fez nada disso.

"Eu acho... que somos bem diferentes", disse ela.

"Bem", falei, "dizem que os opostos se atraem".

"Sim, mas é que..." A voz dela foi sumindo.

"O que foi?"

"Você me pediu em casamento tão rápido e se mudou para Boston por dois anos para estudar. Talvez estejamos nos conhecendo mesmo só agora."

Nenhum de nós disse mais nada naquela noite.

Alguns meses depois, a conversa continuou. Uma noite, cheguei em casa do trabalho e a encontrei me esperando na porta da frente. Eu a vi reunir um punhado de coragem e, em meio a muitas lágrimas, ela finalmente disse: "Neil, eu não sei se continuo apaixonada por você."

"Acho que deveríamos nos divorciar."

As palavras dela estavam plenas de compaixão, empatia e mágoa, mas elas ainda me fizeram tremer na base.

De repente, eu senti que tudo ao meu redor estava desabando. Meu casamento, minha casa, meus futuros filhos. Os fracassos no meu primeiro emprego e minha lanchonete capenga que achei que já tinha superado, de repente voltaram a doer e arder também.

A vida em que eu estava desmoronou em segundos.

Eu estava em choque.

Estava agitado, caindo.

O que você deve fazer?

O primeiro passo é **colocar os três pontinhos**.

Isso significa buscar forças para continuar. Segurar as pontas. Continuar respirando. Manter seu coração pulsando. Continuar se mexendo. Mesmo que só um pouco. Coloque os três pontinhos, coloque um "ainda" em seus pensamentos e viva um dia ou um momento de cada vez.

SEGREDO Nº 3

O segundo passo é **desviar o holofote**.

Isso é mais difícil, claro, mas necessário. Vital. Significa separar sua "versão da história" *da* "história". Lembre-se, costumamos projetar um holofote em nós mesmos como se fôssemos o centro de tudo. Pensamos que tudo é sobre nós. Mas, em vez disso, precisamos aprender a dançar com ele, colocá-lo ao nosso lado, não dentro de nós.

E o terceiro passo?

O terceiro passo é **ver o problema como um degrau**.

Ver o fracasso como um degrau para o alto em uma escada invisível rumo ao seu Eu do Futuro em uma Vida Futura que você ainda nem consegue imaginar.

Isso é difícil. Bem difícil! Tem a ver com confiar no processo, confiar em si mesmo, saber que você já esteve bem antes e acreditar que depois de derrotas e contratempos, as coisas normalmente entram nos eixos.

Mas se você não consegue ver o resto da escada invisível, como confiar que ela está lá?

1

A ilusão do fim da história

E is a questão. A escada representa sua vida até agora.

E você não consegue ver acima na escada invisível.

Olhe para baixo! Essa parte é visível. Você pode ver de onde veio. Todos os degraus que já galgou. Ah, olhe! Lá está você no quinto ano quando sofria bullying daquele valentão do Adam todo dia depois da aula. Lembra? Foi quando você pegou uma bola de basquete pela primeira vez e começou a treinar com o técnico Williams toda noite. Lá está Francesco, o chef tatuado que bronqueava com você todo turno em que chegava atrasado para lavar pratos no restaurante de frutos do mar quando era adolescente. Era doloroso, mas você aprendeu a chegar na hora, e ainda volta lá por causa dos famosos bolinhos de caranguejo dele quando está na cidade. Ah! O baile de formatura! Eca! Lembra daquele desastre? Acho que aquela noite o ajudou a perceber que você era gay. Que bom que seus pais o amavam e o apoiavam quando você saiu do armário antes de ir para a universidade. Que alívio.

Tantos degraus acima até hoje. Grandes degraus. Degraus difíceis, mas degraus mesmo assim.

E o que vem a seguir na escada?

Bem, aí é que está o problema.

Ninguém sabe.

É invisível.

Não vemos o futuro.

E, talvez, se esse fosse o único problema, estaria tudo bem.

Mas não é. Fica pior.

Por quê?

De acordo com aquela pesquisa, na verdade, achamos que *podemos* ver adiante daquela escada!

Nossos cérebros pensam "Ah, claro, eu sei o que há a seguir na minha vida". Imaginamos a tal escada e achamos que somos bons em imaginá-la! Mas, na verdade, somos péssimos nisso.

Permita-me explicar.

Em janeiro de 2013, a revista *Science* publicou um estudo fascinante conduzido pelos pesquisadores Jordi Quoidbach, Daniel T. Gilbert e Timothy D. Wilson. Eles se uniram para mensurar as personalidades, valores e preferências de mais de 19 mil pessoas com idades entre 18 e 68 anos. Através de uma bateria de testes, eles perguntaram aos sujeitos sobre duas coisas bem simples: quanto eles achavam que haviam mudado na década passada e quanto eles acham que mudariam na década seguinte.

Eles usaram muitos métodos científicos sofisticados para garantir que os dados eram legítimos. E então publicaram seus resultados.

O que aconteceu?

Círculos acadêmicos criaram burburinhos.

Veículos de comunicação requisitaram divulgar os resultados.

Por quê?

Porque eles foram surpreendentes! Acontece que não importa a idade dos entrevistados, todos acreditavam que mudaram muito no passado, mas mudariam pouco no futuro.

O quê?

Então, imagine um cara de 30 anos contando a história conturbada dos seus últimos dez anos, mas compreendendo que seus próximos dez anos seriam tranquilos. Imagine uma mulher de 50 anos contando como tudo foi por água abaixo depois que ela fez 40 anos, mas então supondo que aos 60 ela seria a mesma pessoa que é agora. Esse foi o caso de todo mundo, independente de idade, gênero ou personalidade. Nós todos fazemos isso!

Todos nós achamos que as coisas continuarão a ser como são agora.

Se você estiver voando alto, talvez isso não seja uma coisa ruim, mas se estiver esmorecendo, falido, debilitado, magoado, e solitário, então é uma tendência psicológica perigosa. E todos nós a compartilhamos.

Quando estamos no fundo do poço, temos certeza de que não há como sair dele. Achamos que nunca sairemos do porão dos nossos pais. Achamos que nossos divórcios significam que nunca mais conheceremos novas pessoas. Achamos que se perdermos nosso emprego, caçaremos empregos temporários na internet para sempre.

Os pesquisadores chamaram isso de "ilusão do fim da história".

Achamos que nossas aventuras param exatamente agora e tudo ficará inalterado daqui em diante.

VOCÊ É SENSACIONAL

Agora: Por que aqueles pesquisadores passaram tanto tempo estudando 19 mil pessoas?

Daniel Gilbert, um dos pesquisadores, foi ao programa *Hidden Brain* da NPR e explicou: "Sabe, como todo mundo, eu sofro ataques de um destino adverso. Nós nos divorciamos, passamos por cirurgias, terminamos relações com mulheres que amamos e amigos que apreciamos. Então foram eventos comuns que recaíram sobre mim em um único ano. E percebi que se você me perguntasse há um ano antes como eu estava, a resposta seria, meu deus, eu estou arrasado... Isso me fez imaginar se eu era a única pessoa idiota o bastante para olhar adiante no futuro e entender como me sentiria se coisas muito ruins ou muito boas acontecessem."

Ah! Aí está. A escada invisível.

Até mesmo Daniel Gilbert, *o* Daniel Gilbert, o aclamado psicólogo e professor de Harvard, autor de best-sellers como *Stumbling on Happiness* [*Tropeçando na Felicidade*, em tradução livre], até *ele* se esquece que o resto da escada é invisível. Ele passou por um ou dois reveses e então imaginou "Bem, dane-se, minha vida será péssima para sempre". Mas não foi. Porque inevitavelmente tudo que passamos na vida *de fato é um degrau para nos ajudar a chegar a um lugar melhor*.

É muito difícil enxergar os fatos assim, mas precisamos, porque esse estudo incitador do lado esquerdo do cérebro nos ajuda a perceber que temos tendência a fazer tempestades em copos de água. E só isso deveria ser suficiente para fazer uma retrospectiva em sua mente e dizer "Espere um minuto. Eu estou me enganando! Talvez nem tudo seja horrível para sempre! Quem me dirá que eu não sairei do porão? Conhecer pessoas novas? Arrumar um trabalho incrível que eu ame?".

Veja a coisa como um degrau.

SEGREDO N° 3

Dan Gilbert acabou entendendo que quando se trata de prever o futuro, somos todos imbecis. Cada um de nós. Que alívio! Entenda, você não é imbecil. *Nós somos*. Você não é um idiota. *Nós somos*. Você não é burro. *Todos nós somos*.

Isso não o faz se sentir melhor?

Essa pesquisa me lembrou de um emprego de RH, no qual trabalhei, em que eu acompanhava chefes em salas de reuniões sempre que eles precisavam demitir um funcionário. Eu estava lá para cuidar da papelada, testemunhar e oferecer suporte emocional. Eu estava na sala quando dezenas de pessoas foram demitidas e isso foi terrível. Havia lágrimas e lenços molhados e muitas noites consolando funcionários em um estacionamento gelado enquanto elas colocavam fotos emolduradas das suas mesas em seus porta-malas dizendo "Achei que ficaria aqui para sempre", "O que vou fazer agora?" e "Eu nunca vou encontrar outro emprego".

Essas cenas partiam meu coração.

Eu perdi muito do meu sono com elas.

Mas, de vez em quando, eu me encontrava com ex-funcionários novamente anos depois. E o que eles me contavam? Em cada uma das vezes? "Ser demitido foi a melhor coisa que me aconteceu! Se eu não tivesse recebido aquela indenização, eu nunca teria aqueles seis meses cruciais livres para passar com meu pai antes dele falecer."

Ou: "Eu viajei para o Peru e me tornei um importador de suplementos nutricionais e agora amo o que faço!"

Ou: "Estou trabalhando em uma empresa menor agora, e fui promovido duas vezes em dois anos!"

Ou: "Eu gastei minha indenização para passar um tempo com minha filha e meu genro nos meses seguintes ao terceiro aborto espontâneo dela."

Por que todo funcionário demitido me contava isso? Porque todos eles reagiam tão positivamente depois de algum tempo? Como isso foi acontecer?

Porque confundimos o desafio de visualizar a mudança com a improbabilidade da mudança em si.

Nós fazemos isso.

Confundimos o desafio de visualizar a mudança ("O que vou fazer agora?") com a improbabilidade da mudança ("Eu nunca vou encontrar nada!").

Em outras palavras, você não consegue se *visualizar* mudando, então assume que não mudará.

Por quê?

Porque sua capacidade de ver é uma droga!

E a minha também, a de todo mundo.

Você acha que por não conseguir ver acima em uma escada, não há mais degraus.

Mas *há* mais degraus.

E a mudança chegará.

Ela sempre chega.

SEGREDO N° 3

Por isso é tão difícil ver a mudança como um degrau. Ver esse fracasso, essa falha, essa experiência de vida difícil como parte do processo, como parte do todo. É difícil vê-la como um degrau porque você não consegue ver o próximo degrau! E você certamente não consegue ver dez degraus acima dela.

Por que sempre achamos que fracassar nos leva a algum lugar ruim? Não é verdade. Raramente é. Lembre-se da ilusão do fim da história. Nossos cérebros pensam que isso é o fim! Você se lembra de todo mundo que eu encontrei depois da demissão dizendo o quanto aquela guinada fez bem às suas vidas? Aconteceu comigo também. Como eu saberia que fracassar na P&G de algum modo nos levaria a essa conversa que estamos tendo agora? Eu não tinha como trabalhar lá. Acredite em mim, eu prefiro ter essa conversa do que fazer análises de preços de delineadores e máscaras. Mas, quando surtei na P&G, eu me imaginei dormindo sobre uma pilha de restos de sanduíches em Cleveland.

Então pegue leve consigo mesmo também.

Quando você está lá, sofrendo o choque do fracasso e da perda, convencido de que não tem saída, de que não há caminho adiante, apenas lembre-se: há uma escada que você não vê. Confie que ela está lá, bem na sua frente, e que leva para lugares novos e empolgantes. Tenha a coragem de acreditar nessa coisa que você não pode ver.

Há muitos degraus à frente. Não pare. Coloque os três pontinhos. Desvie o holofote e continue andando.

Claro, você está passando por um fracasso.

Mas é bem possível, e bem provável, que você esteja passando por um degrau rumo a um futuro que o deixará feliz. Mas você não consegue vê-lo... ainda.

2

Volte ao começo

Então…

assim fizemos…

nos divorciamos.

Com desconforto na alma e coração partido, colocamos nossa casa à venda, nos reunimos com um advogado de família, fomos em um cartório, processamos a papelada, empacotamos nossos pertences em caixas e passamos pelo desconforto de dividir os móveis e carregá-los para fora de casa com pessoas aleatórias com quem passamos anos tornando-as em sogra e sogro, enquanto elas voltavam a se tornar pessoas aleatórias novamente.

Mudei-me para um pequeno apartamento de 150m^2 no subúrbio em um prédio chamado Hudson. Um amigo me ajudou a carregar minha mesa de jantar pelo elevador e montamos tudo antes de notar que ela ocupava toda a cozinha. Então a desmontamos e levamos de volta. Eu nunca repus a mesa, nunca comprei cadeiras de cozinha, nunca comprei tigelas, assadeiras ou saleiros e pimenteiras. O armário da cozinha estava vazio.

Minha geladeira também.

Meu coração também.

VOCÊ É SENSACIONAL

Estava envergonhado pelas bolsas escuras crescendo sob meus olhos, então comprei um creme chique para os olhos na farmácia no fim da rua e comecei a aplicar sob meus olhos toda manhã. Eu não queria que ninguém soubesse que passava noites em claro sofrendo de intensa insônia, ansiedade e solidão.

Pela primeira vez na vida eu estava morando sozinho, em uma cidade grande, com cada coisinha que almejava ter aos 30 anos levada por água abaixo...

Sem casamento, sem casa, sem filhos.

De volta ao começo.

A maioria dos meus amigos estava casada e com filhos no subúrbio e eu tinha seis contatos no meu celular. Não conhecia ninguém do bairro e não tinha o que fazer nem para onde ir.

Ao longo dos meses em que isso se passou, eu estava irritado, triste, me forçando a ir ao trabalho todo dia, aturando reuniões como um zumbi, chegava em casa e pedia comida toda noite.

Um dia, enquanto dirigia do trabalho para casa, eu disse a mim mesmo: "Tem de haver *alguma coisa* positiva lá fora."

Uma pequena faísca. Um pequeno lampejo na cabeça. Algo a que me ater. Algo para escutar. Eu decidi que precisava encontrar isso. Uma coisa positiva. Acabei de virar a página! Só precisava *mudar de canal!* Então cheguei em casa do trabalho e liguei na... CNN.

Não faça isso.

Cada canal de TV, cada jornal, cada estação de rádio, só tem má notícia.

SEGREDO N° 3

Estou sendo honesto quando te digo que não escuto sequer um canal de notícias ou vejo algum telejornal hoje. Cancelei minhas assinaturas de jornais e revistas. Não tenho nenhum site de notícias favoritado. Eu me satisfaço folheando manchetes no mercadinho, e me sacrifico de bom grado *sabendo no fundo* o que há para viver uma vida mais contente. Você consegue imaginar quantos incêndios em prédios e atualizações de engarrafamentos e noivados de celebridades de reality shows estamos perdendo agora?

Agora, não estou dizendo que você deve tampar os ouvidos e gritar LALALALALALALA o mais alto que conseguir quando alguém começar a falar sobre mudanças climáticas. Quero dizer que o mundo está repleto de notícias ruins e nossos cérebros primais estão desesperados para lê-las, então nossos veículos de comunicação estão desesperados para apanhá-las por dinheiro.

A solução é ser pleno quanto à sua atenção.

Corte todos os sites e então escolha problemas com os quais você se importa, estude-os profundamente e aja de acordo. Pare de ser o receptor do rátátá da rajada de metralhadora de negatividade superficial disparada em você em cada televisão de elevador, esteira ou estação de rádio.

Então, voltando a quando larguei a CNN e entrei na internet. Eu pesquisei no Google "Como começar um blog" e cliquei no botão "Estou com sorte" que ninguém nunca usa.

Dez minutos depois eu comecei um pequeno blog chamado 1000AwesomeThings.com como um meio de tentar colocar um sorriso no meu rosto antes de dormir. Comecei escrevendo de forma bem sarcástica. Ácida. Cínica. Reflexo do jeito cínico como eu me sentia. Escrevi sobre como jogadores de beisebol obesos nos dão

VOCÊ É SENSACIONAL

esperanças, sobre como trancar pessoas do lado de fora do seu carro e fingir que está indo embora — é a melhor pegadinha do mundo. Eu escrevi, escrevi e escrevi.

Todo dia eu chegava em casa do trabalho e acrescentava outra coisa. Que tal colocar cuecas quentes que acabaram de sair da secadora? Ou virar o lado frio do travesseiro no meio da noite? Pegar uma série de sinais verdes quando se está atrasado para o trabalho? Finalmente fazer xixi depois de segurar um tempão?

Escrever era catártico. Era uma libertação. Me ajudou a trocar os pensamentos sombrios por outros mais leves logo antes de dormir. Publicava cada postagem do blog diariamente a 00:01. Por que era tão importante publicar antes de dormir? Você sabe o que acontece quando sua mente está rodando? Você não consegue dormir! E então como é o dia seguinte? Pior. E seus níveis de energia e resiliência na noite seguinte? Piores. E na noite depois dessa? Pior ainda.

O blog era um apagador ensopado esfregado na lousa da minha mente logo antes que eu apagasse a luz. Eu divagava sobre metáforas para explicar a sensação de tirar lentes de contato, as meias depois do trabalho, as botas de esquiar, seu smoking alugado depois que o suadouro do casamento acabou!

Então eu ia dormir pensando em quê?

Pensamentos ligeiramente mais positivos.

O blog era os três pontinhos.

Era um jeito de desviar o holofote.

Ele me ajudou a ver as coisas como um degrau enquanto eu tentava apenas continuar em movimento.

3

Você já fez sexo casual o bastante?

Postar no blog era um degrau para mim.

Um degrau vital, um degrau necessário. Cada término magoa. Parece ser o fim. Parece o fim do jogo. Meu divórcio parecia isso. Mas, por fim, quando você realmente se senta com pessoas em relacionamentos sérios e pede para que olhem em retrospecto, elas sempre pintam a estrada com uma série de finais que sempre, sempre, sempre tinham uma continuação.

Há poucos anos eu me deparei com um estudo fascinante publicado no *Telegraph*.

Uma equipe de pesquisadores estava tentando descobrir o quão difícil é a estrada rumo ao romance. Eles procuraram pessoas em relacionamentos profundamente sérios com parceiros de uma vida e trabalharam no retrospecto de suas histórias pessoais para ver quantos relacionamentos e experiências sexuais os levaram até onde estão agora.

(Nota: Que trabalho de pesquisa bizarro! "Então, com quem você namorou antes do Frank? Joe? Quanto tempo ficou com o Joe? Você traiu o Joe? Fez sexo casual alguma vez entre o Joe e o Frank?" E sim, presumindo que você estava namorando os Irmãos Hardy.)

Isso faz sentido, certo? Porque todo mundo que beijamos, que namoramos e com quem dormimos nos mostra algo, nos faz crescer, nos ilumina e nos ajuda a continuar em nossas jornadas de vida para o autoentendimento paulatinamente até por fim nos tornarmos a melhor, mais rica, plena e profunda versão de nós mesmos.

Nesse sentido, cada término tem um propósito.

Cada término é um degrau.

Vamos falar de especificidades?

De acordo com o estudo, em média a mulher beijará quinze pessoas, terá sete parcerias sexuais, fará sexo casual quatro vezes, terá quatro encontros desastrosos, três relacionamentos que durarão menos de um ano, dois relacionamentos que durarão mais de um ano, se apaixonará duas vezes, será magoada duas vezes, trairá uma vez e será traída uma vez — tudo antes de encontrar uma parceria para a vida toda.

Ufa!

E quanto aos homens?

Bem, em média o homem beijará dezesseis pessoas, terá dez parcerias sexuais, fará sexo casual seis vezes, terá quatro encontros desastrosos, quatro relacionamentos que durarão menos de um ano, dois relacionamentos que durarão mais de um ano, se apaixonará duas vezes, será magoado duas vezes, trairá uma vez e será traído uma vez — tudo antes que *ele* encontre uma parceria para a vida toda.

Isso soa como algo pelo qual você gostaria de passar?

Eu também não.

Mas, de certa forma, não há um alívio em ouvir isso?

Porque pode ajudar a jogar uma luz nos degraus invisíveis diante da escadaria que você está subindo rumo ao relacionamento de longo prazo que talvez deseje.

Não estou dizendo que é fácil! Quando eu morava sozinho, levei mais de um ano antes de começar a procurar primeiros encontros de novo. E, quando eu finalmente comecei, ficava devastado quando alguém com quem eu senti uma ínfima conexão ou com quem eu compartilhei um primeiro beijo não respondia minhas mensagens. Eu estava fragilizado e magoado. A rejeição me destruía.

Tornei-me amigo de um rapaz gay que morava do outro lado do corredor. Sempre tinha rapazes entrando e saindo do apartamento dele. Quando contava para ele o quanto eu estava em frangalhos por causa de alguém que não respondia minhas mensagens, sempre estava com um sorriso enorme estampado na cara e me dizia a mesma coisa: "PRÓÓÓÓXIMA!" As palavras dele pareciam cortantes, mas talvez ele só fosse melhor do que eu em seguir em frente.

4

"O que é um blog?"

Eu escrevi uma publicação no blog toda noite por um ano.

Trabalhava em um escritório durante o dia, depois pegava comida no caminho para casa e ficava online até altas horas da matina antes de dormir. Eu estava enlutado, fraquejando e processando as coisas. E já que estava sozinho, não tinha ninguém para me ajudar a ligar a alavanca.

Um primeiro encontro após o outro e nenhum deu em nada. Eu comecei a acumular os fracassos. Chamei a pessoa com quem estava saindo pelo nome da minha ex-esposa várias vezes, com pessoas diferentes. Eu continuava aguardando um encontro dos sonhos acontecer, cheio de conversas longas, sorrisos profundos de cumplicidade, dizendo para uma garçonete após a outra "Desculpe, ainda não olhamos o cardápio inteiro".

Mas ele nunca aconteceu.

Eu me senti como se estivesse passando por um Dia da Marmota cheio de apertos de mão, abraços e notas de US$40 para vinho e batatas fritas.

Outro ano se passou, e eu estava fazendo as mesmas coisas: Publicando no blog toda noite, sendo apresentado aos outros, conhecendo amigos de amigos, bebendo com pessoas que conheci na internet.

Em uma noite, minha amiga Rita, que morava no fim do corredor, veio me perguntar se eu gostaria de conferir uma exposição de arte ali perto. Ela veio muitas vezes para saber se eu queria uma bebida ou um lanche. Mas dessa vez trouxe uma amiga.

"Oi, eu sou a Leslie", disse uma morena maravilhosa, com um sorriso gigante e confiança radiante com uma mão estendida. "Oh, ei, oi, eu sou, hum, Neil", tentei dizer.

Atravessamos a rua e vagamos por uma grande exposição de fotos antes de tomarmos uma taça de vinho e comermos um prato de batatas fritas em um bistrô francês.

"Então, Neil é um blogueiro", disse Rita. "Talvez você já tenha ouvido falar do blog dele. Já faz um tempo que ele se dedica a isso, é um dos maiores do país. Vão transformá-lo em um livro chamado *O Livro do Sensacional.*"

"O que é um blog?", perguntou Leslie.

E eu me apaixonei.

Mais tarde naquela noite, quando Rita enviou por e-mail para nós o contato do fotógrafo que apresentou a exposição, eu respondi chamando Leslie para um encontro. "Que tal terça-feira às 22h?", eu enviei. "Ou quarta-feira às 21h?"

"Desculpe-me", respondeu ela. "Eu durmo 20h. Sou professora de jardim de infância."

"Bem, então que tal um café da manhã no domingo?", perguntei.

"Parece ótimo", respondeu ela.

E assim foi combinado.

5
Assimile

Há muito, mas muito tempo, minúsculos organismos unicelulares apareceram na Terra.

Por exemplo, uma ameba. Assim:

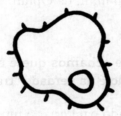

E, então, o que aconteceu? Bem, 300 milhões de anos depois, esses organismos unicelulares evoluíram para organismos pluricelulares. Assim:

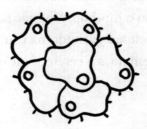

Então o que aconteceu? Bem, 300 milhões de anos depois daquilo, aqueles organismos pluricelulares evoluíram para plantas e animais. Como nós!

Sabe o que é interessante sobre isso?

Organismos unicelulares nunca sumiram. Eles não morreram. Não ficaram obsoletos. Plantas, animais e nossos próprios corpos têm centenas de milhões de organismos unicelulares vivendo neles e dentro de nós. Nosso corpo é o lar deles.

E quanto aos organismos pluricelulares?

Bem, o importante é que *eles são compostos de organismos unicelulares.* Outra coisa importante é que eles não morreram, mas *se tornaram parte de totalidades maiores e mais novas.* Há organismos pluricelulares em árvores, em você, em mim, na Oprah.

O que quero dizer?

O que normalmente achamos que é evolução "destruindo e substituindo", o passado é na verdade "transcender e incluir".

O passado é assimilado para criar o futuro.

O autor Ken Wilber deu prosseguimento a essa ideia em diversos livros, como *Uma Breve História de Tudo.* Cidades não erradicaram fazendas, em vez disso incorporaram a atividade rural de forma mais eficiente e produtiva. Filmes não substituíram a fotografia. O trip-hop não substituiu o hip-hop. Nós não substituímos os gorilas. Nosso pensamento racional evoluído não substituiu emoções, mas absorvemos emoções em nossos cérebros racionais recém-evoluídos.

SEGREDO Nº 3

Crescimento real, evolução real, não vêm graças à destruição. Eles vêm graças à integração do que havia antes a uma totalidade maior. O que advém de queimarmos bibliotecas? Pilhas de cinzas. E o que advém de ler livros e desenvolver suas próprias ideias? Basicamente todos os ótimos pensamentos. O que advém de arrasar cidades? Pilhas de cinzas. O que advém de estudar a tecnologia de outros países, copiá-las e aprender com elas? China. Não, é brincadeira! Digo, todas as tecnologias do futuro.

Não há aplicativos de carona sem GPS.

Não há Siri sem pesquisa.

Não há sua versão de hoje sem tudo do seu passado. Também não haverá sua versão de amanhã sem tudo o que você está passando agora.

Se minha primeira esposa não tivesse perdido a paixão por mim, eu não teria me mudado para um apartamento individual no Hudson. Nunca teria conhecido a moça que mora no fim do corredor chamada Rita. Nunca teria me apaixonado pela amiga dela, a Leslie. Nunca teria ido morar com a Leslie um ano depois e nunca teria a pedido em casamento no ano seguinte.

Eu nunca teria me casado com ela.

Nunca teria um filho com ela chamado… Hudson.

Não sabia isso na época, mas assimilei o passado e ele criou meu futuro.

E isso não aconteceu só comigo.

Acontece com todos nós.

Acontece com você.

Acontece comigo.

Acontece conosco.

Enquanto está caindo, você pode colocar os três pontinhos para continuar adiante. Então você desvia o holofote para não culpar a si mesmo e, finalmente, tenta ver a coisa como um degrau.

SEGREDO Nº 3

ACRESCENTE OS TRÊS PONTINHOS

◇

DESVIE O HOLOFOTE

◇

VEJA A COISA COMO UM DEGRAU

SEGREDO N° 4

Conte uma História Diferente a Si Mesmo

Então...

Eu caí, você caiu, nós caímos e agora estamos aqui.

Falamos sobre os três passos que você pode seguir quando o tapete for puxado sob seus pés, você escorregar e tropeçar, e sentir que está caindo sem parar.

Eu espero que esses três passos tenham ajudado. Talvez você não tenha chegado ao fundo do poço. Talvez você já esteja em pé de novo. Talvez você esteja bem!

Mas, às vezes, também caímos em profundos buracos sombrios. Às vezes, realmente, chegamos ao fundo. É quando ficamos cara a cara com nossos demônios internos, medos pessoais, pensamentos de culpa. Nossos mais sombrios segredos.

É quando sentimos que estamos no fundo de um poço. Podemos ver um feixe de luz sobre nós, mas nossas mãos não param de escorregar em pedras cobertas de musgo molhado quando tentamos escalar as laterais.

O que fazemos então?

Vamos falar do próximo segredo.

Vamos ficar um pouco mais íntimos.

VOCÊ É SENSACIONAL

Vamos voltar no tempo.

Era outubro de 1979.

Eu tinha seis semanas de idade e não parava de chorar.

Quando eu digo que não parava, quero dizer que chorava o dia e a noite toda. Meus pais não tinham outros filhos ainda, mas sabiam que havia algo de errado. Eles sempre me levavam ao médico, mas o conselho era sempre o mesmo.

"Não se preocupem. Vão para casa. Isso é exatamente o que os bebês fazem."

Minha mãe estava convencida de que havia algum problema, então ela me levou a um médico diferente que descobriu que eu tinha uma hérnia dolorosa e um testículo que não desceu. Fui enviado para cirurgia imediatamente.

"Ele ficará bem?", perguntou minha mãe ao médico antes de se sentar na sala de espera e chorar por horas enquanto meu corpinho gritão de seis semanas entrava na faca.

Eu não consigo imaginar a sensação de ver seu bebê levado para uma cirurgia nos genitais naquele momento vulnerável, algumas semanas depois de dar à luz a ele. Eu também não consigo imaginar a sensação do bebê, já que não tenho memória consciente do ocorrido.

Quando saí da sala de cirurgia, aparentemente não tinha mais choro e nenhum problema de longo prazo, além de só um testículo e uma cicatriz na minha virilha que cresceria junto comigo. E por ter só seis semanas de idade, nunca soube que isso aconteceu. Meus pais nunca mencionaram isso quando eu era um garotinho, então cresci até os 10 anos achando que todos os rapazes tinham só uma bola.

SEGREDO Nº 4

Por quê?

Bem, nós temos só um nariz, uma boca, um coração, um estômago, um umbigo, um pênis. Há uma série de um dígito que corre pelo meio de nosso corpo.

Eu penso nisso hoje, você não acha que o corpo humano é meio estranho quanto ao que vem em pares por segurança e o que não vem? Olhos? Claro, você precisa de dois deles. Furem seu olho com um hashi em uma briga em um rodízio de comida chinesa e você precisará de seguro de vista. Eu entendo. Narinas? Duas. Definitivamente duas. Fique resfriado e você precisará respirar sem sua língua ficar pendurada para fora como a de um golden retriever.

Dois pulmões? Dois mamilos? Dois rins?

Confere, confere, confere!

Mas língua, traqueia, estômago, coração?

Ah, um só parece bom demais.

Então, eu achava que minha única bola era suficiente.

Eu vivi sem nunca pensar nisso.

Lembre-se: eu cresci nos anos 1980.

Não havia internet.

O Ken da Barbie não tinha genitais. As Bonecas Repolhinho também não tinham genitais. O He-Man não tinha genitais, mas aposto que ele teria bolas enormes se a Mattel não o tivesse castrado. (Pense nisso, o cara cavalgava uma *pantera-negra* como se fosse um cavalinho de carrossel.) Modelos de roupa íntima dos catálogos da Sears não tinham contornos de pênis ou bolas discerníveis. Mesmo desenhos detalhados de homens nus que encontrei em uma cópia de *A Alegria do Sexo* em uma caixa de guardados no meu porão, não retratavam o detalhe testicular que você pode imaginar.

Além do mais, eu não estava procurando.

Eu não via homens pelados em nenhum lugar, exceto no espelho, então tudo fazia sentido para mim.

Porém esse pensamento mudou na aula de educação física do nono ano.

No nono ano, eu fui para um colégio enorme com um claro sistema hierárquico. Alunos do nono ano eram insignificantes, tinham os piores armários e nunca conseguiam uma mesa na cantina. Não havia muito empurra-empurra, mas você sabia seu lugar e ficava de cabeça baixa.

A educação física era obrigatória e eu fui designado para a turma do Sr. Christopoulos — um neandertal grego parrudo e marombeiro de short, cabelo enrolado, monocelha e antebraços cobertos com pelagem espessa. O cara usava um short vermelho da Umbro, uma camiseta branca e um apito todo santo dia, mesmo no ápice do inverno. Ele nunca sorria e era intimidador feito o capeta. Ele talvez tivesse cavalgado uma pantera-negra até a escola.

A aula de educação física era composta de um punhado de nerds, bagunceiros e pivetes, mas ninguém andava fora da linha na aula dele. Como se quisesse reafirmar sua reputação, no nosso primeiro dia, o Sr. Christopoulos levou nossa turma até a sala dos pesos, onde nos convidou a lhe mostrar do que éramos capazes. "Algum de vocês faz supino? Vai lá. Mostre a que veio." Alguns garotos o levaram a sério, levantando a barra ou acrescentando alguns pesos leves.

SEGREDO N° 4

Depois que todos acabaram, o Sr. Christopoulos deitou no banco e continuamente ordenou aos meninos para "colocarem mais peso!" até que ele estava gritando, suando e levantando três anilhas de cada lado — mais de 150kg — enquanto veias grossas esverdeadas saltavam de seus braços e de sua testa. Nós fizemos um círculo ao redor dele com queixos caídos e olhos arregalados como se estivéssemos vendo o Pé Grande dar à luz em uma floresta.

A mensagem era clara.

Esse cara nos quebraria como um palito de fósforo se ousássemos jogar um aviãozinho de papel.

Nós andamos na linha.

Mais tarde, no outono, algumas semanas depois do treino com pesos, corrida e vôlei, chegou a hora da aula sobre saúde.

O Sr. Christopoulos nos levou à sala de música e se sentou no púlpito de madeira do maestro à frente enquanto o resto de nós inclinou tripés de partitura para usarmos como mesas e nos esforçamos ao máximo para não soltar risadinhas quando ele começou seu sermão decorado sobre menstruação, herpes e AIDS.

O Sr. Christopoulos tinha o costume de contar longas histórias nostálgicas sobre a sua época de campeão europeu de fisiculturismo ou sobre surrar alguém em um grande torneio de luta livre. Ao longo do tempo nosso medo se tornou um respeito saudável e começamos a vê-lo como o irmão mais velho marombado que todos nós desejávamos ter.

Um dia, o Sr. Christopoulos começou uma história sobre como estava lutando com um amigo em um torneio quando, de repente, esmagou um testículo do tal rapaz. Tipo, ele acidentalmente estourou

VOCÊ É SENSACIONAL

o negócio. A sala inteira irrompeu em profundos gemidos e caretas enquanto o Sr. Christopoulos apenas sorriu silenciosamente, observando a sala, esperando o barulho passar antes de mandar a piada.

"Sim", disse ele, atraindo cada olhar para o que vinha a seguir. "Depois daquilo, nós o chamávamos de *meio homem.*"

Todos caíram na risada.

O som era ensurdecedor.

Eu estava sentado do lado de um menino loiro de cabelo cortado retinho chamado Jordan, que era meu melhor amigo na sala. Ele estava estapeando o tripé de partitura dele, quase chorando de tanto rir.

"Meio homem!", gritava ele.

Os meninos tinham lágrimas escorrendo no rosto por causa da combinação da história de embrulhar o estômago com a melhor piada do Sr. Christopoulos em todo o semestre.

Eu olhei a sala inteira e todos estavam batendo nos joelhos sacudindo as cabeças enquanto lágrimas espirravam de seus rostos.

E foi assim que descobri que eu tinha uma bola quando todos os outros homens tinham duas.

Ou seja, de repente, tudo fez sentido.

Eu sempre ficava confuso quando algum menino dizia. "Acertou minhas bolas." Por que o plural quando há só uma? Eu achava que era só uma figura de linguagem estranha, do mesmo jeito que narradores de luta dizem "Ele levou uma na boca do estômago", "Estou com tanta fome que comeria um cavalo", ou sei lá o quê.

SEGREDO N° 4

Um surto atordoante de sentimentos inundou meu corpo. A inocente aceitação pueril do meu corpo sumiu em um segundo. De repente, eu tinha um problema físico. Dos grandes. Bem *no lugar* em que rapazes não querem problemas! Não era como se eu tivesse pés chatos ou um sinal de nascença nas costas com o formato do Japão. Me faltava uma bola! Eu poderia crescer e ficar com a voz fina! Eu não poderia praticar esportes de contato! Talvez eu nunca pudesse ter filhos!

Segundo meu professor e todos os meus amigos, eu era *meio homem*.

Eu troquei minhas cuequinhas brancas por folgadas sambas-canção. Levava comigo um novo temor sempre que ia para a aula de educação física. Eu me trocava no canto do vestiário.

Quando a internet estava apenas começando a surgir, uma das primeiras coisas que pesquisei no Yahoo foi "implantes testiculares". Descobri um mundo de caras que tinham esferas de vidro, metal ou silicone implantadas cirurgicamente no saco escrotal por motivos estéticos.

Já imaginou?

Digo, antes de mais nada, sacos escrotais geralmente não ficam expostos. Então ninguém os vê exceto uns caras no vestiário e, sabe, o amor da sua vida.

E, ainda assim, é isso que fazemos.

Nós pegamos o que é invisível para os outros e o iluminamos com holofotes dentro de nossas cabeças. Aquele sentimento invisível se torna o objeto inteiro de nosso foco interno e nos faz parar de pensar e enxergar direito.

Meio homem.

Aquilo ficou se repetindo na minha cabeça como uma música chata. Eu tinha a sensação de que um líquido intenso encharcava a minha pele. Eu me sentia uma esponja seca jogada em um lago turvo que rapidamente se enchia de água fria e suja... de todos os lados... de uma só vez.

Demorei um tempo para aprender a palavra e definir a emoção que eu estava sentindo. Era nova, terrível e sombria, e não era tão simples quanto culpa, constrangimento ou medo.

Era algo maior, mais amplo, mais profundo.

Era vergonha.

1

Os pântanos da alma

Há um duende esperando por nós em lagos frios e turvos.

O Duende da Vergonha.

A vergonha é a raiz de várias histórias que contamos a nós mesmos.

O *Dicionário de Língua Inglesa de Oxford* define a vergonha como "um sentimento doloroso de humilhação ou aflição causado pela consciência de comportamento errado ou tolo".

Hum. Não. Desculpem-me, intelectuais de Oxford, mas isso é limitado demais. Hora de voltar aos estudos para um polimento. Talvez se graduar em Cambridge ou outro lugar. Porque, primeiramente, não é só humilhação ou aflição, e não é causada sempre por comportamento tolo ou errado, certo? A vergonha pode ser causada por molhar a cama ou não se sentir magro o bastante ou por recuar de brigas nos fundos de um boteco. Nós não podemos dizer que isso seja "comportamento errado ou tolo".

Podemos encontrar algo melhor?

E se dispensássemos o dicionário?

Carl Jung uma vez chamou a vergonha de "pântanos da alma".

VOCÊ É SENSACIONAL

Pântanos da alma.

Olha só. Muito melhor.

"Pântanos da alma" não se encaixa facilmente em um dicionário, mas funciona porque a vergonha é mesmo um punhado de emoções cozidas em um caldeirão: humilhação, aflição, preocupação, constrangimento, culpa, solidão e, provavelmente, outros que não conseguimos sequer articular. Não me admira que seja tão difícil falar a respeito! Aquele emoji de carinha sorridente com bochechas coradas de vermelho não está nem perto da complexidade necessária para capturar os pântanos da alma, o pavor em nossos peitos, a água turva nos cobrindo de um modo que nos impede de nadar para fora.

O pesquisador e autor Brené Brown chama a vergonha de "A experiência ou o sentimento intensamente doloroso de acreditar que somos falhos e, portanto, indignos de amor e pertencimento — algo que já experimentamos, fizemos ou fracassamos em fazer que nos torna indignos de uma conexão".

Estamos chegando mais perto agora.

Você pode explicar melhor, Brené?

"Quando você sobe até a arena e põe sua mão na porta e pensa 'vou entrar e vou tentar isso', a vergonha é o duende que diz 'Oh, oh. Você não é bom o bastante. Você nunca concluiu aquele MBA. Sua esposa o deixou… Sei daquelas coisas que lhe aconteceram enquanto crescia. Sei que você não se acha bonito, inteligente, talentoso ou capaz o bastante. Sei que seu pai nunca lhe deu atenção, mesmo quando você foi promovido a Diretor Financeiro'. Vergonha é essa coisa."

Pântanos da alma, de fato.

2

Afinal, de quem é a culpa no jogo da vergonha?

Olha, a vergonha atua no que pensamos sobre nós mesmos. Nós mantemos nossa vergonha escondida, desconfortavelmente tentamos nos desviar dela. Nós cobrimos as cicatrizes, penteamos nosso cabelo sobre a careca, compramos sapatos de sola grossa para parecermos alguns centímetros mais altos.

Nós todos fazemos isso.

Nós todos fazemos isso.

Nós lutamos, navegamos, nos preocupamos e nos estressamos por causa de nossas imperfeições percebidas. Eu recentemente vi um tabloide com uma manchete chamativa sobre uma celebridade que se pesa *cinco vezes por dia*. Os editores estamparam aquela manchete porque todos nós nos identificamos com esse medo, de ficarmos debilitados pela ansiedade, timidez e aversão a nós mesmos martelando nossas cabeças, sussurrando que não somos bons, perfeitos e plenos o suficiente.

Então, como perdemos a vergonha?

Como escapamos a ela?

Como a ultrapassamos?

Não podemos nos desviar dela.

Precisamos atravessar o pântano.

Mas isso não é fácil.

Em seu livro *Overcoming Destructive* Anger [*Derrotando a Raiva Destrutiva*, em tradução livre], o psicólogo Bernard Golden escreveu: "Alguns pesquisadores sugerem que a vergonha não venha de ouvir repetidamente que fizemos algo ruim, mas que nós *somos* ruins. A vergonha, assim como a culpa e o constrangimento, envolve um autojulgamento quando acreditamos que não vivemos à altura de nossos padrões ou dos padrões de outras pessoas."

Minha esposa Leslie tenta ser cuidadosa sobre isso com nossos filhos. Ela nunca diz "Você é tão bagunceiro!", em vez disso ela diz "Você ainda não guardou seus livros e suas roupas". Ela tenta não dizer "Você é tão esquecido", mas foca algo do tipo "Você deixou sua mochila em casa hoje".

Shahram Heshmat, professor adjunto emérito da Universidade de Illinois em Springfield, pesquisou o vício por mais de vinte anos. Ele disse que "para sentir vergonha, você deve estar consciente de que os outros o estão julgando".

Parece sensato. Parece lógico.

Quando os outros garotos riram tanto do comentário de "meio homem" a ponto de bater nos suportes, eu entendi logo que eles estavam fazendo um julgamento.

Mas eis um detalhe que pode ser igualmente importante.

E se não forem só os outros a fazerem julgamentos?

E se formos nós?

Claro, é fácil imaginar um pai repressor ou um professor desagradável como inimigo. Um amigo meu ainda se lembra vividamente da cara brava do pai quando ele molhou a cama quando criança. E eu me lembro de ver meu professor do sétimo ano ridicularizar a prova de ortografia de um menino depois de escrever O-D-J-E-T-O em letras grandes na lousa e perguntar à sala inteira de qual planeta achavam que ele era por ter escrito "objeto" daquele jeito.

Nós conhecemos esses momentos! Eles criam a vergonha duradoura.

Mas e se participássemos de nossa própria história de vergonha pessoal, também?

Quanto você culpa os outros por seus sentimentos de vergonha quando a pessoa que, na verdade, está internalizando, processando, escrevendo e repetindo cada um deles é... você?

Qual história você está contando a si sobre você mesmo?

Qual vergonha você está enfiando no seu cérebro por conta própria?

Uma pesquisa publicada na revista científica *Proceedings of the National Academy of Sciences of the United States of America* alega que "A vergonha é como o 'eu' enxerga a si mesmo; ou seja, a vergonha não é causada por preocupações sobre a avaliação dos outros acerca

VOCÊ É SENSACIONAL

do indivíduo". Os pesquisadores estão sugerindo que se você sente ansiedade ou se preocupa com o que outras pessoas pensam sobre você, isso é, na verdade, uma *consequência* da vergonha, não a sua causa.

Como é que é?

Em outras palavras, você não focaria como os outros o veem a menos que já estivesse projetando algumas dúvidas e inseguranças suas, para começar.

Vamos voltar à aula de educação física.

Podemos flutuar acima da cena e vê-la de novo através dessas novas lentes?

Enquanto estava sentado na sala de aula, peguei a piada do meu professor de educação física e as risadas dos meus colegas e transformei tudo em uma mensagem que *eu* internalizei no ato: "Minhas bolas são zoadas. Nunca vou arrumar uma namorada. Nunca terei filhos. Tenho que esconder isso de todo mundo para sempre. Em suma: eu não sirvo para nada."

Eu pensei isso! Não estou dizendo que eu cheguei a essa conclusão por conta própria.

O que estou dizendo é que eu era um ator na peça da minha vergonha.

E talvez fosse o protagonista.

3

Que história você está contando a si mesmo?

Seth Godin é o autor de dezenove best-sellers, incluindo *A Vaca Roxa, Você É Indispensável?* e *Tribos*. Ele escreve em um dos blogs mais populares do mundo e rotineiramente palestra em TED Talks.

Eu me sentei para entrevistá-lo para meu podcast *3 Books* e discutimos sobre *The Book of Est* [*O Livro de Est*, em tradução livre] de Luke Rhinehart, um de seus livros mais informativos.

O Livro de Est é um conto ficcional sobre o Treinamento de Seminários de Erhand que dura sessenta horas durante quatro dias, que foi um movimento *new age* popular na década de 1970. Seth deixou claro que ele não concorda com os aspectos do curso que lembravam um culto ou algumas baboseiras escritas no livro. Mas, ainda assim, quando ele o leu, algo o atingiu como um martelo.

Ele sumarizou a tese do livro dessa maneira: "Seu problema não é o mundo lá fora, mas a história que você está contando a si mesmo sobre o mundo lá fora. E essa história é uma escolha. Se você não está feliz com essa história, conte a si mesmo outra história. Ponto. Simples assim. E a maioria das pessoas ouvirá o que eu acabei de dizer e não mudará nada."

É simples assim? Bem, nem sempre, mas pode ser. Porque geralmente nós contamos histórias negativas a nós mesmos. Nós criamos catástrofes, nos culpamos, mergulhamos na culpa, dizemos a nós mesmos que não somos dignos ou até pior. Escrevemos uma história na qual somos o vilão ou o idiota da aldeia ou ambos. Por quê? Por que focamos tanto a negatividade? Por que somos tão rápidos para nos julgarmos tão cruelmente?

Se isso soa familiar para você, ótimo. É um passo. Seth reconheceu sua tendência de inventar histórias negativas sobre si mesmo, e quando isso ocorreu, ele notou que a história era desequilibrada, talvez até autodestrutiva.

Como podemos provar isso?

Bem, estou presumindo que você provavelmente ganhou na loteria do aniversário. Se está lendo isso agora, você está vivo, sabe ler, foi educado. Seus pais lhe deram comida? E abrigo? Você fez faculdade? É saudável?

Podemos jogar esse jogo para lembrarmos o que temos de bom. Isso nos ajuda a reconhecer que a maioria das histórias que contamos a nós mesmos são distorcidas.

Você odeia suas estrias da gravidez? Consegue tentar vê-las de outra forma? Poderiam elas ser tatuagens eternas comemorando como você trouxe seus lindos filhos ao mundo?

Você tem vergonha das suas dezenas de noitadas de sexo casual? Mas e se elas o ajudaram a entender sua própria química sexual o bastante para saber do que precisava em uma parceira?

Você se repreende por causa dos 5kg a mais na sua barriga? Em vez disso, você não poderia amar o fato de ter as noites semanais de pizza e frango frito com seus amigos?

Devemos nos lembrar que *retemos a escolha,* nos apegamos à escolha, podemos escolher contar a nós mesmos uma história diferente.

Podemos reescrever nossas histórias de vergonha, ser mais gentis conosco, pegar a bondade que pregamos... e nos tratarmos com bondade em primeiro lugar.

Conte uma história diferente para si mesmo.

4

Incline as lentes

C omo isso funciona na prática?

Como podemos aprender a ver as mesmas histórias de vergonha que estamos contando para nós mesmos e mudá-las para melhor?

Temos que aprender a inclinar as lentes. Você precisa contar uma história diferente para si mesmo. Você conta muitas histórias sobre você para si mesmo. Porém precisa aprender a vê-las sob uma nova perspectiva. Através de lentes novas.

E como aprendemos isso? Do mesmo jeito que aprendemos qualquer coisa. Prática. Pura e simples prática. Então vamos praticar juntos agora mesmo e, depois disso, compartilharei as três perguntas que faço para ajudar minha mente a se distanciar e repaginar as histórias de vergonha na minha cabeça.

Eis um cenário útil que baseei em estudos de caso do livro *Mindset*, da autora Carol S. Dweck:

Certo dia, você está na aula de química do terceiro ano, da qual gosta muito. Porém, quando recebe a correção da prova, vê que tirou nota 5 e fica muito decepcionado. Você conta para sua melhor

VOCÊ É SENSACIONAL

amiga, mas ela passa por você com pressa para ir a algum lugar. Você se sente ignorado. Mais tarde, vai até seu carro para ir para casa e descobre que foi multado por estacionar em local proibido.

Como se sente?

Se você for como eu, devastado.

Quais histórias você começa a contar a si mesmo?

Você conta para si: "Eu sou horrível em química, nunca entrarei na faculdade. Minha melhor amiga me odeia e eu nem sei o porquê. E sou tão burro que estacionei onde não deveria. Estou tendo um dia péssimo!"

Mas, se você olhar esse cenário mais de perto, talvez comece a ver mais contexto. Você poderia inclinar as lentes um pouquinho? A prova de química era só uma prova, não era semestral, não era um exame final, nem sua nota final. Quantas aulas você teve nas quais foi mal em algum momento? Eu estimo que muitas. Todos nós tivemos.

E quanto à sua melhor amiga? Você ficou chateado porque ela estava com pressa. Você não sabia por que ela estava com pressa! Será que recebeu más notícias? Ela estava indo a algum lugar importante? Quem poderia dizer se não estava correndo para a aula ou se recebeu uma ligação importante? Ela não o dispensou nem o odeia, não o empurrou ou desprezou. Você já teve pressa quando um amigo ou familiar queria conversar? Claro que sim. Todos nós já tivemos!

E o estacionamento proibido? É só uma multa. Seu carro não foi guinchado. Você não se envolveu em uma batida. Quem leva multas? Todos nós levamos. É uma máquina de fazer dinheiro para a cidade.

SEGREDO N° 4

Eles têm soldados dirigindo por aí procurando por rodas um tiquinho fora da linha ou um parquímetro que acabou de expirar. Multadores multarão. Não é uma mancha negra na sua ficha. Você não irá preso.

E esse é o ponto.

Nossos cérebros são bem rápidos para adotarem a visão de que as afrontas que sofremos são parte de algum plano maior para afetar nossas vidas inteiras.

Mas não são.

Tudo de que precisamos é aprender a contar uma história diferente a nós mesmos.

"Acho que eu deveria estudar mais para a prova semestral semana que vem."

"Espero que minha amiga esteja bem. Vou falar com ela amanhã para saber se precisa conversar."

"Ah, eles multam exatamente às 15h fora da escola. Da próxima vez eu vou colocar um pouco mais de grana no parquímetro caso eu me atrase."

É fácil inclinar as lentes?

Não, claro que não. É difícil! Difícil mesmo. Requer prática de aprender como contar uma história diferente para nós mesmos.

E o que ajuda?

5

Três grandes perguntas para ajudar a desvendar esse segredo

É hora das três grandes perguntas.

Essas três grandes perguntas ajudam a alavancar meu cérebro para fora do lugar sombrio em que ele quer se aninhar e me ajudam a contar uma história diferente a mim mesmo. Elas funcionam para mim e acho que funcionarão para você.

Aqui estão elas:

1. Isso será importante no meu leito de morte?

Acho essa pergunta útil, não importa que história esteja contando a mim mesmo. E ela é uma pergunta muito fácil de fazer porque a resposta quase sempre é "Não!".

Você sofreu meia dúzia de batidas leves com o carro. Você está bem? Isso será importante no seu leito de morte? Não. Não será. Conte a si mesmo que estava só treinando sua direção.

VOCÊ É SENSACIONAL

Você foi demitido. Claro, isso é terrível agora. Mas será importante no seu leito de morte? Não. Diga a si mesmo: "Estou feliz por ter tido a experiência, porque agora estou melhor preparado para encontrar um emprego que eu ame."

Você confunde *mas* com *mais* e *nós* com *noz* o tempo todo. E daí? Eu também. Isso será importante no seu leito de morte? Não. Definitivamente não! Ninguém ligará para a gramática no seu funeral. *Ainda mas você! Que nem estará entre noz.*

Você viu o artigo do *The Guardian* sobre os cinco maiores arrependimentos de quem está prestes a morrer? A enfermeira de cuidados paliativos Bronnie Ware testemunhou milhares de mortes e compartilhou os maiores arrependimentos que ela ouviu. Eles foram:

"Queria ter tido a coragem de viver a vida que eu queria, não a vida que os outros esperavam de mim."

"Queria não ter trabalhado tanto."

"Queria ter tido a coragem de expressar meus sentimentos."

"Queria ter mantido contato com meus amigos."

"Queria ter me permitido ser mais feliz."

Você nota alguma coisa nessa lista?

As pessoas em seus leitos de morte não desejam ter sido mais bonitas, saber mais gramática ou ter tanquinhos.

Elas estão olhando suas vidas inteiras em retrospecto.

Para assimilar minha vergonha de ter só uma bola, eu fiz a pergunta: Isso será importante no meu leito de morte? A resposta foi

SEGREDO N° 4

um "não" bem claro. Então notei que a história de vergonha que eu estava contando a mim mesmo era de fato uma escolha. Quer provas? Bom, cá estou eu *desavergonhadamente* falando disso.

Certo. Vamos para a pergunta número dois.

2. Posso fazer alguma coisa a respeito disso?

Se molhava a cama quando criança, seu pai o fazia ter vergonha disso e você ainda a carrega consigo, então certamente há coisas que pode fazer a respeito: terapia, aconselhamento, escrever diários, conversar com um amigo, sentar e falar sobre isso com seus pais.

Tire isso da sua cabeça.

Mas se você sente vergonha do seu distúrbio bipolar, seu aborto espontâneo ou da sua incapacidade de ter barba, bem, você pode não ser capaz de mudar isso. Não estou dizendo que isso resolva o problema, mas que se lembrar de que não pode controlá-los deve ajudar. Por quê? Porque você se livra da responsabilidade. Não há nada que você possa fazer. Agora você pode contar uma história diferente para si mesmo para ajudá-lo a seguir em frente.

Você perdeu sua carteira? Em vez de dizer a si mesmo "Eu sou um idiota porque a perdi! Algum safado me roubou! Eu nunca confiarei em uma viva alma novamente!", tente dizer "Bem, talvez esse alguém realmente precisasse de ajuda para estar tão desesperado. Espero que minha carteira ajude essa pessoa a pagar uma comida quentinha ou uma cama para esta noite". Isso é verdade? Talvez sim. Talvez não. Mas poderia ser. Acrescenta perspectiva. E é uma história que o ajudará a seguir adiante em vez de nadar — e afundar — nas profundezas.

VOCÊ É SENSACIONAL

Vamos tentar um exemplo mais arrasador. Esse é pessoal. Há alguns anos, minha esposa Leslie sofreu um aborto espontâneo. Ficamos devastados e as histórias que contávamos para nós mesmos nos causavam ainda mais dor. O que fizemos de errado? De quem era a culpa? Foi de uma briga que tivemos, algo que comemos ou daquele lugar que visitamos? Então começamos a contar uma história diferente para nós mesmos: "O feto não estava se desenvolvendo adequadamente e um corpo é sábio o bastante para entender quando é melhor encerrar uma gravidez." Essa lente inclinada, essa nova história, tirou toda a dor? Claro que não. Ainda doía. Claro que sim. Mas ao contar uma história diferente a nós mesmos, nos afastamos do tóxico ciclo de nos culparmos — e isso nos ajudou a lentamente seguir em frente.

Talvez realmente haja sabedoria naquela velha Oração da Serenidade que pede a Deus para nos conceder a serenidade para aceitar as coisas que não podemos mudar, a coragem para mudar as coisas que podemos e a sabedoria para saber a diferença.

Porque quando você pergunta a si mesmo "Posso fazer algo quanto a isso?", sempre há apenas duas opções, certo?

Se você puder, bem, vá lá e mude.

Se não puder, bem, você não pode. Por que desperdiçar tempo se preocupando com coisas que não pode mudar? Eu não posso mudar o fato de ter só uma bola, mas eu posso fazer algo a respeito da história que contarei a mim mesmo. A Leslie não pode mudar o fato de que sofreu um aborto espontâneo. Mas, como casal, podemos optar por contar uma história diferente para nós mesmos que evita especulações e jogos de culpa infindáveis.

E, finalmente, a pergunta número três.

3. Essa é uma história que estou contando a mim mesmo?

Você está pronto para um pouco de metalinguagem?

Porque essa pode ser a maior pergunta de todas!

É sobre tirar todas as historinhas que acrescentamos aos fatos legítimos de nossas vidas, camada por camada. Porque muitas vezes acrescentamos histórias aos fatos... *e nem nos damos conta disso.* Seja vigilante. Busque a verdade absoluta. Tire todos aqueles vínculos mentais que causam sofrimento desnecessário. Continue tirando camada por camada até chegar ao núcleo sólido e objetivo dos fatos e então use-o para contar uma história diferente para você mesmo.

Então, eu tenho uma bola. Algumas de vocês só têm um seio. Outros um pulmão, uma perna. Alguns de vocês sofrem de ansiedade, alcoolismo ou Alzheimer. Todos nós temos algum problema. A chave para essa questão é separar o que temos do que acrescentamos a isso. É sobre encontrar o fato central e notar que estamos apenas contando histórias ao redor dele. "Eu tenho uma bola só" é bem diferente de "eu sou um desfigurado sem chance de transar". O primeiro é um fato; o segundo é uma história. "Eu sou um alcoólatra" é bem diferente de "Minha família nunca confiará em mim". "Eu fui mal na prova de biologia" é bem diferente de "Eu decepcionei meus pais".

Essas são as três perguntas:

Isso será importante no meu leito de morte?

Posso fazer alguma coisa a respeito disso?

Essa é uma história que estou contando a mim mesmo?

Não quer dizer que seja fácil.

VOCÊ É SENSACIONAL

Quer dizer só que em nossa estrada para a resiliência, em nossa jornada ao sensacional, em nosso caminho para sermos mais fortes, reconhecemos que há uma oportunidade de sermos mais gentis conosco e sermos capazes de usar algumas pequenas ferramentas para nos ajudar a chegar lá. Porque a verdade é que a maioria do que pensamos são histórias que contamos a nós mesmos.

Só você pode decidir que história contará a si mesmo.

Então conte uma melhor.

SEGREDO N° 4

ACRESCENTE OS TRÊS PONTINHOS

◇

DESVIE O HOLOFOTE

◇

VEJA A COISA COMO UM DEGRAU

◇

CONTE UMA HISTÓRIA DIFERENTE A SI MESMO

SEGREDO Nº 5

Perca Mais para Ganhar Mais

Quando eu tinha 15 anos, fui convidado pela Sra. Hill, minha professora de matemática, a me juntar ao feliz bando de super bem-sucedidos em uma peregrinação nerd enriquecedora de uma semana em um acampamento na universidade.

Poucas semanas depois eu estava me espremendo no banco de trás do Corolla enferrujado da Sra. Hill por três horas na rodovia até a Queen's University, apertado entre duas garotas bonitas com quadris ossudos.

Quando chegamos para nosso passeio de uma semana, fomos levados a quartos privativos e bufês com comida à vontade, e informados para nos inscrevermos em um minicurso da universidade. Vi as garotas se inscreverem em Filosofia e Alemão enquanto eu fui sozinho para Ciências da Computação. Mas eu estava empolgado porque o tópico da semana era "Como criar um site".

Foi uma grande ideia. Ia passar uma semana fazendo um site! A internet era novidade e eu consegui passar a semana inteira aprendendo o básico de HTML e JavaScript. O instrutor nos ensinou como visitar outros sites e clicar em "Ver Código-fonte" no Netscape para ler os seus códigos.

Isso me deu uma ideia. *Talvez eu possa criar um site importante.*

VOCÊ É SENSACIONAL

Passei os últimos dois dias de aula dando à luz ao "Santuário de HTML e JavaScript do Neil".

Passei um dia inteiro tratando do título para ficar do jeito que eu queria. Pesquisando comandos de HTML, eu coloquei fonte grande, *em itálico*, negrito, verde-limão, em um fundo roxo, e claro, piscando sem parar.

> **Santuário de HTML e JavaScript do Neil**
>
> **Santuário de HTML e JavaScript do Neil**
>
> **Santuário de HTML e JavaScript do Neil**

O site foi lançado em maio de 1995. Ele compilava e compartilhava todos os meus códigos de JavaScript e HTML para ajudar outras pessoas a montarem seus próprios sites.

Meu objetivo era responder perguntas pertinentes, importantes e cruciais para outros designers de sites, como:

Como *você* fez seu título piscar em verde-limão?

Como *você* conseguiu um emoji sorridente piscando sem parar?

Como *você* adicionou uma bolinha que fica quicando?

Vale lembrar que isso foi em 1995, quando a internet só tinha cinzéis e picaretas. Estamos falando de uma época *anos* antes de YouTube, Google, Wikipedia ou Facebook sequer existirem. Ninguém tinha acesso à internet, exceto ocasionais famílias ricas com um Compaq Presario no canto da sala de estar que utilizavam uma conexão discada do Prodigy para mostrar às visitas o logo vermelho do Yahoo! carregando bem devagar. Todos se reuniam ao redor da máquina como se fosse uma fogueira para observar dez quadrados vermelhos gigantes carregarem de forma lenta uma centena de quadrados vermelhos menores carregarem lentamente mil quadradinhos vermelhos... aos poucos carregarem a palavra Yahoo!

No fim da semana eu lancei meu site, e quando um dos computadores da biblioteca da minha escola recebeu acesso à internet, algumas semanas depois, eu pude digitar nele o endereço do meu site — completo, com todos os números, barras invertidas e acentos — e finalmente mostrá-lo para meus amigos na escola.

Queixos caíram.

Todos ficaram impressionados.

Ninguém tinha um site.

E olhe só o contador de estatísticas na lateral da página! Já tinha 100 acessos. Quem eram essas pessoas? Onde elas moravam? O que elas vestiam? Como elas encontraram o site e o que aprenderam nele?

Não importava.

A alegria que tive com esses 100 acessos foi incrível.

Sempre que tinha oportunidade, eu ia para a biblioteca da escola a fim de conferir quantos acessos eu tive. A cada vez, eu notava que o número aumentava um pouco. Levou um tempinho para perceber que a maioria daqueles 100 acessos foram meus, durante a semana em que montei o site, porque provavelmente não havia como outra pessoa encontrar o site, mesmo se quisesse.

Mas, ainda assim, eu implorei aos meus pais para comprarem um computador durante o verão com o intuito de continuar ampliando o site e, deste modo, nos tornamos mais uma família Compaq Presario e Prodigy.

VOCÊ É SENSACIONAL

E, de repente, meu site saiu do ar.

Acho que algum barbudo com camiseta do Pac-Man do departamento de ciências da computação da universidade limpou o cache de lá ou algo do tipo porque um dia meu site simplesmente desapareceu. Eu me senti frustrado, mas estava empolgado com a ideia de produzir e compartilhar algo com o mundo.

Durante os quinze anos seguintes eu comecei vários sites.

Vários blogs.

Várias ideias.

O objetivo era sempre o mesmo: ver quantos acessos eu conseguiria arranjar.

Quinze anos.

Quinze anos.

Isso é bastante tempo. Uma eternidade. **Isso é entregar, dar, doar e não receber nada em troca durante todo o tempo.**

E como sabemos quando estamos entregando e doando sem receber nada em troca, se estamos de fato indo no rumo certo?

Não podemos ver acima na escada invisível, certo?

Então, como podemos confiar no caminho quando parece que só há derrota após derrota?

Bem, precisamos lembrar que perder nem sempre é ruim.

Às vezes, é exatamente o degrau que precisamos subir.

1

"Faça de graça por dez anos."

À s vezes, enquanto faço uma sessão de perguntas e respostas depois de uma palestra, alguém levanta a mão e pergunta algo do tipo: "Então, parabéns pelo sucesso do *Livro do Sensacional*. Minha pergunta é: Como *eu* recebo milhões para escrever sobre peidar em elevadores?"

A pergunta é uma forma de dizer: "Então você ganhou na loteria. Como *eu* ganho na loteria?"

Eu sempre respondo do mesmo jeito, com uma fala que roubei de Todd Hanson, ex-redator chefe no *The Onion*. Ele foi entrevistado por Mike Sacks para o livro *And Here is the Kicker: Conversations with 21 Top Humor Writers on Their Craft* [*E Eis a Surpresa: Conversas com os 21 Melhores Humoristas sobre sua Arte*, em tradução livre]. Hanson disse que sempre que faziam essa pergunta espertalhona, "Então, como *eu* arrumo um emprego escrevendo piadas como você?", dava uma resposta muito simples.

"Faça de graça por dez anos."

VOCÊ É SENSACIONAL

Sabe, estamos cercados de histórias de milhões instantâneos, de crescimento superveloz e de startups pequenas vendidas para o Google por bilhões de dólares dois meses após seu lançamento. Sempre clicamos em links que prometem "sete truques de 30 segundos para ter um tanquinho em 21 dias". Estamos desesperados para puxar as cortinas da terra de Oz, mas o que queremos encontrar — soluções rápidas, respostas fáceis, atalhos, nunca estão lá.

Não queremos ouvir que algumas coisas *apenas levam tempo.*

Elas apenas levam tempo.

Elas envolvem muitos fracassos, muitas perdas, muita experiência.

Então pergunte a si mesmo

Estou ganhando experiência?

Essas experiências serão úteis?

Posso continuar nesse rumo por um tempo?

Às vezes a resposta será não. Às vezes, será sim. Mas as respostas ajudarão a mostrar que você está aprendendo, praticando, talvez fracassando, mas sempre se movendo.

Então o que você precisa fazer?

2

Conduza o desfile do fracasso

Em 1996, meu amigo Chad e eu lançamos um site chamado "Quando Eu Era Criança". Nós abreviamos para QEEC. A página consistia em frases curtas sobre coisas nas quais acreditávamos quando garotos, tais como:

> **"Eu achava que havia peixes vivendo no colchão d'água do meu primo."**

Ou:

> **"Eu achava que aquelas caixas de eletricidade verdes no fim da rua da minha casa eram usadas para imprimir jornais."**

Ou:

> **"Eu achava que aquela coisa pendurada no fundo da garganta da gente era para separar comida e bebida."**

Postamos nosso endereço de e-mail no site para quem quisesse enviar suas próprias QEECs, mas ninguém nunca enviou nada, exceto minha irmã, que confessou que achava que todos os cachorros eram meninos e todos os gatos, meninas.

Então, tirando Chad e eu, o site teve um visitante.

Em 1997, eu me uni aos meus amigos Rob e Tom para lançar o LabelZero.com. Nosso plano era fazer artistas enviarem músicas para nosso site gratuitamente e, então, antes que os usuários pudessem baixá-las, eles teriam que ver um anúncio ou participar de uma pesquisa. Infelizmente, depois que compramos o nome do domínio, o site encalhou na mesa de pingue-pongue do meu porão quando notamos que realmente não fazíamos ideia de como abordar empresas, músicos, programar o site ou qualquer coisa relacionada a ele.

Chame isso de um caso de ambições excedendo habilidades.

Vamos parar nessa ideia por um instante.

Ambições excedendo habilidades.

Porque o que mais falta em uma conversa sobre ambições excedendo habilidades é o fato de que *isso é uma coisa boa*. É o que queremos. Já imaginou se tudo que você fizesse fosse fácil?

Ser ambicioso significa que você tem visão artística, que consegue imaginar como um produto final deve ser, mesmo que não saiba como criá-lo... ainda. Significa que você tem o mais difícil de desenvolver, o que dinheiro nenhum pode comprar e o mais difícil do que qualquer outra coisa para aprender.

Bom gosto.

Você tem bom gosto.

SEGREDO N° 5

No final do dia, bom gosto não é tão diferente assim de visão. Bom gosto significa que você sabe o que quer, para onde está indo e que agora está apenas em uma trilha lamacenta para chegar lá.

Quando as ambições excedem as habilidades, é um sinal claro de que está no rumo certo. Significa que você quer que seu podcast, seu clube do livro, o time de softball que você está treinando, o software que você está desenvolvendo, a festa surpresa que está planejando ou o grande relatório que está preparando... sejam melhores.

E isso significa que você sabe o quanto elas podem ser melhores.

Querer melhorar é um verdadeiro dom.

Significa que você continuará tentando.

Significa que você continuará fracassando.

Significa que você continuará aprendendo.

É melhor do que fazer algo ruim e ser feliz com isso!

Quando entrei na Queen's University, eu passei a maior parte do meu tempo escrevendo para o jornal de humor do campus, o *Golden Words* [*Palavras Douradas*, em tradução livre]. Quando não estava escrevendo para o *Golden Words*, estava criando sites.

Eu me reuni com alguns amigos do programa de negócios para lançar o Ghettohouses.com.

Aquele foi meu quarto site e o primeiro que me deu um gostinho de sucesso.

Todos reclamavam sobre o gueto de estudantes ao redor da universidade. Aquele foi o nome dado às milhares de casas decrépitas cheias de guaxinins e ratos, cobertas com telhados desabando e lonas plásticas. O bairro tinha a má fama de ser administrado por um oligopólio

VOCÊ É SENSACIONAL

de proprietários de favelas, então, meus amigos e eu, fizemos um site no qual você poderia inserir seu endereço e escrever sobre o aluguel. Assim, as casas podiam ser encontradas por proprietário ou endereço, e, ao longo do tempo, dados de inquilinos antigos e atuais se somariam em casos contra os senhorios.

Íamos ajudar o povo a derrubar o sistema!

O site ficou popular o suficiente para termos algumas centenas de inscrições. "Não aluguem do Bill Lee!", avisava um comentador. "Nossa geladeira da Rua Cherry 105 fecha com velcro, a pia do nosso banheiro está sempre entupida e os quartos do andar de cima são tão inclinados que meus colegas de quarto ficam tontos por uma hora depois de acordarem de manhã."

Vendemos o site para a prefeitura do campus por US$1.000 e dividimos o dinheiro em cinco. A prefeitura do campus prontamente limitou a ação da página para evitar processos e trocou o nome para Casas de Alunos, na qual os comentários tinham que ser previamente aprovados e ninguém poderia dizer nada difamatório.

Fiquei feliz com meus US$200, mas me senti um traidor e frustrado com a morte do site no processo.

Então, veio meu blog no LiveJournal chamado *Taut Twisted Tightness*, no qual eu escrevia com empolgação sobre as virtudes de maçãs verdes, picolés de chocolate e acendedores de churrasqueira. E adivinhe só? Outro site fracassado.

Cheguei ao quinto site. Tinham-se passado cerca de dez anos da injeção de dopamina provocada pelo Santuário de HTML e JavaScript do Neil *e eu ainda estava procurando* meu próximo barato. *Dez anos!* Esses foram só os sites lançados, não os que considerei fazer e sobre o que conversei com meus amigos o tempo todo.

A dor acabou aí?

Ah, não.

Para o site número seis, eu me associei a um ex-redator da *Letterman* que conheci pela internet para começar o Big Jewel. Dessa vez eu paguei um designer gráfico caro para criar uma marca e um logo. Tínhamos uma agenda real de publicações — um novo artigo toda quarta-feira! A coisa toda era uma versão copiada do *The Onion*, McSweeney's Internet Tendency ou o "Shouts & Murmurs" do *New Yorker*. Usamos o site para fazer propaganda dos nossos serviços de textos humorísticos para revistas, jornais e outros sites. Acontece que apelar para uma indústria moribunda não funciona. Durante os próximos três ou quatro anos, enquanto escrevíamos, editávamos e postávamos inscrições, recebemos um total de *zero* pedidos para nossos serviços pagos e talvez uns poucos milhares de acessos.

Seis sites fracassados durante dez anos. Seis falhas antes de lançar meu próximo site.

Meu próximo site foi o *1000 Awesome Things*.

Eu não fazia ideia de que esse site seria o de maior sucesso. Mas foi. Ele ganhou três prêmios Webby na categoria "Melhor Blog" da Academia Internacional de Ciências e Artes Digitais. Teve mais de 50 milhões de leitores. Culminou no *Livro do Sensacional* e em um punhado de continuações e *spin-offs*, todos conduzindo a essa conversa na qual estamos agora.

Meu ponto?

Perca mais para ganhar mais.

3

O que fotógrafos de casamento, o T-1000 e Nolan Ryan têm em comum?

À s vezes, trata-se de quantidade sobre qualidade.

Você já perguntou a um excelente fotógrafo de casamentos como ele captura momentos tão perfeitos? Eu já. E eles dizem a mesma coisa. "Eu só tiro muito mais fotos. Tiro mil fotos durante três horas de casamento. Equivale a uma foto a cada dez segundos. Claro que eu vou conseguir umas cinquenta boas. Descartarei novecentas e cinquenta fotos para encontrá-las!"

Eu já falei sobre Todd Hanson, ex-editor do *The Onion*. O que ele disse? "Faça de graça por dez anos."

Seth Godin ofereceu um conselho parecido em uma entrevista que concedeu ao *Tim Ferris Show:* "O número de fracassos que tive excede dramaticamente o da maioria das pessoas e tenho muito orgulho disso. Tenho mais orgulho dos meus fracassos do que dos meus sucessos porque sigo o mantra 'É generoso? Vai conectar? Vai melhorar as pessoas? Compensa tentar?' Se a ideia se encaixar nesses critérios, consigo me convencer a tentá-la e então ponho mãos à obra."

Seth deu outra entrevista para Jonathan Fields no popular podcast de autoajuda *Good Life Project* [*Projeto de Boa Vida*, em tradução livre]. Ele disse: "Sou um grande fã de puf. O que é puf? A ideia que você tenta pôr em prática e se não funcionar — puf. Você tenta outra."

Este livro se chama *Você É Sensacional*.

E o que eu farei se este livro fracassar?

Bem... puf.

Até a próxima ideia.

Não me entenda mal. Eu quero que ele faça sucesso! Quero falar deste livro e das ideias dele em entrevistas e conhecer pessoas que mudaram de vida ou evoluíram de maneira significativa graças a essa conversa. Quero e desejo isso!

Mas é algo que não posso *determinar*.

Tudo que posso fazer é *tirar mais fotos*.

Tudo que posso fazer é tentar acertar alguma coisa agora e tentar alguma coisa depois.

E essa é a ideia.

Eu tenho que continuar no meu próximo livro, minha próxima palestra, meu próximo projeto, minha próxima qualquer coisa, seja ela um sucesso ou um puf. Você precisa perseverar também.

O que eu sei sobre tornar-se sensacional?

SEGREDO N° 5

Uma coisa que sei é que precisamos parar de olhar para pessoas bem-sucedidas como se estivéssemos olhando para produtos de sucesso. Para sucessos após sucessos. Você sabe para quem estamos olhando de verdade? Pessoas que realmente são muito boas em navegar em meio a fracassos.

Navegar em meio a fracassos é o sucesso verdadeiro.

Construir resiliência é o verdadeiro sucesso.

Os fracassos e as derrotas são parte do processo para qualquer um disposto a tentar. Toda pessoa bem-sucedida nada em lagos de fracasso. Eles bebem e se engasgam em fracasso. Estão cobertos por fragmentos de fracasso. Têm fracasso pegajoso no cabelo e embaixo das unhas.

Então qual é o objetivo?

Ser como o T-1000.

Você lembra do cara malvado de metal líquido do *Exterminador do Futuro 2*? Ele toma um tiro no ombro. Toma um tiro na coxa. Ele se regenera rapidamente enquanto endurece o sorriso ameaçador e continua andando para frente. Mas cuidado com tanques de aço derretido no meio do armazém abandonado! Eles podem matá-lo. Mas felizmente não há muitos deles por aí.

Quando eu era criança, meu pai comprou para mim um exemplar de *The Complete Major League Baseball Statistics* [*Estatísticas Completas da Liga Principal de Beisebol,* em tradução livre], um livro surrado de capa verde. Eu cuidei bem dele e o mantive em meu quarto por anos. Eu o folheei inúmeras vezes.

Enquanto lia os números, notei algo interessante.

VOCÊ É SENSACIONAL

Cy Young tinha o maior número de vitórias na história do beisebol: 511.

Cy Young também tinha o maior número de *derrotas*: 316.

Nolan Ryan tinha o maior número de *strikeouts:* 5714.

Nolan Ryan também tinha o maior número de *walks*: 2795.

Por que o cara com o maior número de vitórias também teve o maior número de derrotas? Por que o cara com o maior número de *strikeouts* também teve o maior número de *walks*?

É simples.

Eles foram os que mais jogaram.

Eles foram os que mais tentaram.

Eles foram os que mais passaram pela derrota.

Não se trata de quantos *homeruns* consegue completar.

Não se trata de quantas rebatidas consegue fazer.

As vitórias se acumulam quando você acumula o número de vezes que pisou na base.

Perca mais para ganhar mais.

4

A mágica da hipertrofia que muda vidas

H ipertrofia.

Que palavra estranha! Para mim ela evoca imagens de uma estátua de latão de meio metro fincada no topo de uma base de madeira do tamanho de uma árvore de natal.

"Parabéns! Você ganhou o torneio de golfe! Aqui está seu cheque de papelão gigante e um gigante 'hipertroféu'. Você talvez precise de um Uber XL para levá-lo embora."

Mas acontece que a palavra *hipertrofia* não tem nada a ver com ganhar um hipertroféu e tem tudo a ver sobre como os músculos crescem no seu corpo.

Quando você vai à academia e levanta pesos cada vez mais pesados, sente uma queimação. Geme, sua e leva seus músculos ao máximo. Ao limite!

VOCÊ É SENSACIONAL

O que está acontecendo em nível microscópico?

Você está rasgando seus músculos. Está fazendo mini, microfissuras no tecido.

Dando novo sentido à palavra *rasgado*.

O que você ganha com isso?

Bem, aquelas pequenas fissuras, aqueles pequenos rasgos, aqueles microtraumas parecem perigosos, mas quando você descansa, os tecidos se regeneram, o que no fim ajuda seus músculos a crescerem em tamanho e força.

Pequenas fissuras. Pequenos rasgos. Pequenos fracassos.

No fim, resultam no aumento de sua força.

Perca mais para ganhar mais.

5

O que há de errado em todo discurso de abertura

"Faça o que você ama."

É o que o discurso de abertura nos diz, certo?

"Faça o que você ama."

Essa frase poderia ser mais clichê?

Aposto que se um computador analisasse as frases mais comuns de cada discurso de abertura nos últimos 30 anos, há uma boa chance de que "Faça o que você ama!" estivesse perto do topo junto com "Ah, os lugares em que você chegará!" e "Carpe Diem!".

Mas falta uma frase nos discursos de abertura:

"Você ama tanto essa coisa a ponto de também aguentar punição e dor?"

Essa frase não é citada em discursos de abertura, mas é tão importante quanto.

Mark Manson, autor de *A Sutil Arte de Ligar o F*da-se*, disse algo sobre isso no *Marie Forleo Podcast*:

A razão pela qual me tornei um escritor de sucesso é que eu sempre apreciei o trabalho de escrever. Desde criança, sempre fui o cara que frequentava fóruns escrevendo textos que explicavam por que todos estavam errados, e o chato do Facebook que começava discussões políticas só para causar. Eu amo derramar palavras... coisas que os outros odeiam sobre escrever, eu aprecio.

Mark cresceu querendo ser um músico de rock, mas a dor para chegar lá — carregar equipamento, tocar em botecos sujos, dedilhar a mesma progressão de acordes por seis horas — nunca o atraiu. Ele não apreciava essa dor. Esse fracasso. Mas ele *apreciava* a dor de escrever e os pequenos fracassos que inevitavelmente acompanham o trajeto de se tornar um escritor melhor.

Você ama tanto essas coisas ao ponto de também aguentar punição e dor?

O que quero dizer é que você precisa suportar a dor e a punição no caminho para chegar aonde quer.

Você quer resgatar a princesa no castelo? Então precisa aceitar os espinhos das roseiras arranhando suas pernas. Porque se não aceitar, ela não será salva. Quer encontrar um novo emprego? Então precisa estar confortável com a dor de distribuir centenas de currículos, conseguir dezenas de entrevistas e ser rejeitado em todas, menos uma. Isso dói! Mas é a dor e a punição ao caminho de um novo trabalho. Quer encontrar um parceiro? Espero que goste de ir a cem encontros ruins e ter seu coração partido três vezes. Lembra-se do estudo perguntando se você já fez bastante sexo casual? Há dor no caminho.

Então faça a grande pergunta a sim mesmo.

Você ama tanto essa coisa ao ponto de também aguentar punição e dor?

6

Três jeitos fáceis de revelar
este segredo

C y Young tem o recorde de derrotas.

Nolan Ryan tem o recorde de *walks*.

Todd Hanson diz: "Faça de graça por dez anos."

Fotógrafos de casamento dizem: "Eu simplesmente tiro muito mais fotos."

Acabei de compartilhar minha história de iniciar incontáveis blogs ao longo de muitos anos antes de finalmente ter um que virasse sucesso. Então diga que está comigo. Você sabe que fracassos resultam em mais sucesso. Sabemos disso em nossas cabeças.

Mas como colocamos em prática?

Bem, vamos fechar com três chaves que o ajudarão a acelerar seu ritmo de fracasso e assim acelerar sua habilidade de conferir se você está ou não no caminho certo, quando deve tomar outro rumo e onde deve dobrar as apostas.

Eis as chaves.

1. Vá a festas (onde você não conheça ninguém)

O sucesso bloqueia o sucesso futuro.

Digamos que você fique bom em uma coisa e seu cérebro, assim como o meu, queira continuar perseguindo esse coelho. Achou petróleo? Fature! Está com algo bom nas mãos. Porém o problema é quando você começa a fazer algo do jeito certo, mas também está *perdendo* todas as outras oportunidades, os outros esforços, as outras potenciais falhas que poderiam tê-lo levado a um sucesso ainda maior, seja lá como você o defina.

Tipo, digamos que você entrou no ramo imobiliário aos vinte e poucos anos, vendeu alguns apartamentos e agora sente que está no rumo de algo maior. Ótimo! Mas isso também significa que você jogará o jogo imobiliário e talvez nunca perceba plenamente que se não tivesse saído do balé aos vinte, poderia estar na Broadway agora.

O sucesso bloqueia o sucesso futuro.

O problema aqui é que quando você é bom em uma coisa, o universo conspira para mantê-lo lá. Fique na sua raia, atenha-se à sua especialidade. Não é culpa de ninguém. Para se mover nesse mundo caótico, ambíguo, volátil e complicado, todos precisamos de rótulos mentais para filtrar e organizar as pessoas em nossas vidas. "Você é meu amigo corretor imobiliário!", seus amigos pensam. Então quando conversa com eles em festas de aniversário, o assunto é sobre mercado, taxas de juros e quando eles devem vender. Todas aquelas conversas intermináveis *servem para aprofundar seu conhecimento* nessa área em especial, o *tornam mais bem-sucedido* nesse ramo e então fixam sua identidade ainda mais, tornando cada vez mais difícil se libertar mentalmente, explorar novos terrenos e tentar coisas novas.

SEGREDO N° 5

Qual é a solução?

Vá a festas onde você não conheça ninguém.

Aceite aquele convite exótico, vá à leitura de um autor de que nunca ouviu falar; compre um ingresso para um show de um gênero que você nunca ouviu; tome um coquetel no bar do hotel depois do seu voo; compareça a uma reunião online sobre uma velha paixão que esqueceu que tinha e, é claro, vá a festas.

Será incômodo? Desconfortável? Às vezes, certamente. Você pode não conhecer ninguém. Pode ter três conversas superficiais e não se conectar com absolutamente ninguém. Você talvez saia achando que só perdeu seu tempo. É um risco. É o lado ruim. É o potencial de fracassar.

Mas, e o ganho em potencial?

O ganho em potencial é que você encontrará gente interessante em lugares interessantes.

O ganho em potencial é que você mergulhará em outras raias, trilhará outros caminhos de pensamento e então, lentamente, despertará de qualquer inércia mental que o esteja dominando.

Talvez sua experiência provoque e incite novas ideias, novos esforços, novos riscos e novas aventuras nas quais você fracassará e com que aprenderá.

Perca mais para ganhar mais.

VOCÊ É SENSACIONAL

2. Tenha um orçamento de fracasso

Separar dinheiro para fracassar? Estou de brincadeira?

Não, não estou. Separe um dinheiro para o fracasso. Talvez pareça estranho. Mas chegue em um valor que você possa usar só para tentar coisas aleatórias. Assuma que dará errado! Mas tente mesmo assim. Talvez US$20 no barzinho que serve ostras, US$200 em aulas de boxe ou US$1.000 para ir a um festival de música bem distante.

Se usar dígitos absolutos funcionar para você, ótimo. É perfeito. Mas se você não for bom com orçamentos, também tenho um modelo mental que uso em minha vida e que pode ser um jeito mais simples de pensar nisso.

Ele envolve decidir em que jogo de dígitos você está.

Eu chamo de **Jogo do número de dígitos**.

Deixe-me explicar:

Quando estava começando todos aqueles sites, estava no jogo de dois dígitos. Dez dólares para comprar um endereço de site? Bem, esse gasto foi aprovado. Mas nada mais foi! Eu sabia que estava no jogo de dois dígitos porque não tinha dinheiro. Poderia pagar por riscos de dois dígitos, experimentos de dois dígitos, fracassos de dois dígitos — mas acabava aí. Eu não conseguia pagar por riscos de três dígitos porque não tinha dinheiro para fracassos de três dígitos. E quatro dígitos? Sem chance. Isso significava que não teria designers gráficos para o When I Was a Kid, nada de armazenar o Ghettosouses.com em um servidor bem rápido, nada de comprar uma hora de consultoria de um especialista na indústria da música aposentado para o LabelZero.com.

Não.

Eu estava no jogo de dois dígitos.

Qual era meu orçamento de fracasso? Qualquer coisa que custasse dois dígitos.

Quando comecei o *1000 Awesome Things*, passei para o jogo dos três dígitos. Agora eu era um rapaz crescido. Tinha um emprego. Entendi que se quisesse tentar alguma coisa, qualquer coisa que custasse 3 dígitos ou menos — eu o faria. Mandei imprimir selos, adesivos e cartões-postais para a campanha de lançamento do meu livro. Transferi o site para um servidor superveloz. Atendendo a pedidos de algumas estações de rádio, eu providenciei uma (eita!) linha telefônica para fazer entrevistas de casa.

Alguns desses riscos de três dígitos deram certo. Outros foram fracassos. **Mas lembre-se: você ganha, você aprende.** E me informe se quiser comprar um pacote de 5 mil adesivos velhos, tá?

Atualmente meu podcast *3 Books* é um exemplo do meu gasto de orçamento de fracasso. Eu queria muito fazer um podcast livre de propagandas, patrocinadores, comerciais e só uma bela obra de arte. Para mim, ao menos. Então gastei cerca de US$5 mil por ano fazendo-o. Voos até convidados de entrevistas, custos de produção, equipamento de gravação. É uma "despesa de orçamento de fracasso" que eu adoro ter todo ano. Por quê? Porque também aumentou vastamente minha taxa de aprendizado.

Você consegue continuar subindo? Claro. Mas até que altura? Bem, se você for uma estrela do hip-hop ou um bilionário das tecnologias, talvez esteja no jogo dos sete dígitos. O número depende de você. Seu nível de conforto, sua tolerância a riscos. Meu objetivo não é te

VOCÊ É SENSACIONAL

contar quantos dígitos você deve planejar gastar em fracassos. É te dar um modelo mental que pode aplicar em sua vida para acelerar seu índice de derrotas e consequentemente acelerar seu ritmo de vitórias.

Perder mais para ganhar mais.

3. Conte suas perdas

Sempre ouvimos dizer: "Conte suas bênçãos."

A ideia é que sempre que estiver mergulhado em dificuldades, é bom lembrar de todas as coisas pelas quais você é grato para se animar. Eu acredito nisso? Totalmente! Por isso escrevi o *1000 Coisas Sensacionais*. Literalmente precisei escrever mil coisas para contar minhas bênçãos e me animar enquanto processava a perda do meu casamento, da minha casa e da vida que eu conhecia. Precisava contar aquelas bênçãos para ajudar meu cérebro a ir adiante e ver isso tudo como um degrau.

Porém sabe o que nunca contamos?

Nossos Fracassos. Nossas Derrotas. As vezes em que fomos ao chão.

Ao escrever este livro, foi a primeira vez que tive que revisitar todos aqueles velhos sites que foram por água abaixo. Quando comecei a escrever este capítulo, pensei "Eu preciso contar sobre os três sites fracassados que comecei *antes* do site de sucesso". Depois que comecei a escrever, me lembrei do quarto. Enquanto editava, me lembrei do quinto. Depois do sexto. E não parava. Provavelmente há outros que eu esqueci completamente, porque a vida média deles foi de cerca de duas semanas.

E me fez bem revisitar essas perdas.

SEGREDO N° 5

Elas originalmente ficavam em uma parte do meu cérebro que eu queria deletar. Para não compartilhar! Para ficar calado. **Mas a verdade é que quando olhamos os nossos fracassos, nós, na verdade, nos parabenizamos por todo o aprendizado, resistência e resiliência investidos naqueles momentos em que nos fortalecemos um pouco.**

Contar nossas perdas e ter orgulho de nossos fracassos é bem difícil. Muito, mas muito difícil mesmo. Somos ensinados a esconder nossos fracassos, termos vergonha deles. E cá estamos nós falando de usá-los como medalhas de honra.

Se você escreve um diário, tente anotar seus sucessos e seus fracassos. Seja honesto e conte os fracassos enquanto eles acontecem. Pegue leve consigo mesmo dando crédito a si próprio por cada um.

O que eu escrevo?

"Gastei tempo e dinheiro lançando um site e ninguém o visitou. Que desastre! Mas acho que encontrei um ótimo desenvolvedor de sites que posso chamar na próxima vez. E eu sou o dono do domínio, então posso tentar algo novo ou vendê-lo no percurso. Hoje gritei com meu filho. Eu me sinto terrível quando faço isso. Estava cansado e com fome. Mas isso não é desculpa. Eu preciso me lembrar de que preciso de lanches e intervalos assim como ele."

Admitir fracassos é difícil, mas você pode fazê-lo. Vanglorie-se e tenha orgulho! Você aprendeu com eles, foram os tropeços no caminho que o trouxeram até aqui. Você não estaria aqui sem lá. E não pode chegar lá sem o aqui.

Isso é muito difícil para as pessoas.

Porque significa que casais não podem andar em volta de seus relacionamentos fracassados anteriores quando iniciam um novo. Não estou dizendo que você deva falar sobre todos eles em seu primeiro

VOCÊ É SENSACIONAL

encontro, como um armário de exibição de cerâmica pintada. Não queremos confundir contar falhas com simples mau julgamento! Quero dizer que você deve exibi-los depois de cultivar confiança no relacionamento. Seja honesto e compartilhe o que aprendeu com cada um.

Isso é muito difícil para as pessoas porque significa que líderes não podem fingir que seus currículos são um exemplo de perfeição. "Aqui está a lista selecionada a dedo de locais em que trabalhei e os resultados selecionados a dedo de resultados que eu entreguei!" *Ah, claaaaaaro.* Ninguém cai nessa. Sabemos que você é humano. Sabia que você é humano? Se não souber, esse é um outro problema.

Não confiamos em pessoas que nunca fracassaram e realmente não confiamos em pessoas que *sequer sabem* que fracassaram ou que *gostam* de fingir que nunca fracassaram.

Precisamos falar sobre fracassos. Fiascos. Quanto mais tivermos, mais cresceremos. Então mostre-os. Os empregos em que você foi péssimo, fracassou, foi demitido. Os relacionamentos fracassados. Os objetivos que você não cumpriu. Sabemos que eles o levaram adiante. Compartilhe isso. Compartilhe como chegou ao novo lugar. Dominar seus fracassos não só o humanizará, mas ser honesto consigo mesmo quanto aos tropeços e deslizes significa honrar como você chegou aonde está hoje.

Admitir esse crescimento o ajuda a reconhecê-lo e apreciá-lo.

Faça de graça por dez anos.

Sofra mais derrotas.

Tire mais fotos.

E fale a respeito disso.

SEGREDO N° 5

ACRESCENTE OS TRÊS PONTINHOS

◇

DESVIE O HOLOFOTE

◇

VEJA A COISA COMO UM DEGRAU

◇

CONTE UMA HISTÓRIA DIFERENTE A SI MESMO

◇

PERCA MAIS PARA GANHAR MAIS

SEGREDO Nº 6

Revele para Curar

Durante os dois anos em que frequentei Harvard, eu viajava de Toronto para Boston e vice-versa o tempo todo. O voo durava pouco menos de duas horas, e era sempre em aviões sem assentos centrais. Apenas longas fileiras de dois assentos de cada lado do avião.

Então sempre tinha alguém sentado ao meu lado.

De algum jeito, a duração da viagem e o estilo de avião muitas vezes faziam com que entabulasse diálogos intensos com a pessoa ao meu lado. E eu quero dizer intensos de verdade. O tipo de conversa em que o estranho ao meu lado fica com os olhos cheios de lágrimas e sussurra algo do tipo "É hora de levar a sério meu problema de peso" ou "Eu preciso muito ver meu filho. Ele não será jovem por muito mais tempo".

Isso já lhe aconteceu?

Acho que acontece com muitos de nós.

Em um voo mais curto, não vale o investimento. Subimos e descemos. Quem tem tempo para um diálogo profundo? E em um voo para o outro lado do oceano, esqueça. Levamos livros para ler, slides para montar, e-mails para responder. Planejamos atividades para oito horas. É tipo "Eu adoraria conversar, mas eu tenho umas coisas para fazer".

VOCÊ É SENSACIONAL

Mas e se a duração do voo for beeeem certinha e a disposição dos assentos também, sua fileira no avião pode se tornar um pequeno confessionário nas nuvens.

Quando as condições são adequadas, nos sentimos livres para sermos nós mesmos. Não estamos tentando, não estamos representando, nem buscando fazer *essa* relação se tornar *alguma coisa*. Nós dois sabemos que tudo acaba com um rápido "Até mais!" em duas horas.

Eu não conheço você, você não me conhece, nós nunca vamos conhecer a família ou os amigos um do outro.

Que alívio!

E, mesmo assim, nós temos um ao outro do mesmo jeito.

Riscos menores, menos julgamento, sem bagagem.

Contribui para grandes conversas nos céus.

Compartilhar com estranhos.

Certa noite, em meu voo de Boston para Toronto, criei uma conexão profunda com um consultor careca e barbudo na casa dos 40 anos de idade. Enquanto ele comia amendoins, aos poucos a conversa entrou no terreno do amor, dos relacionamentos e da vida.

Quase na hora de pousar, falei a ele, "Então... Posso lhe perguntar... quais foram suas primeiras impressões sobre mim?". Senti que isso é difícil de conseguir e também achei que como estávamos sendo tão honestos, ele me falaria a verdade. E sim, ele foi direto ao ponto.

"Bom, você parecia um rapaz metido", disse ele. "Estava com seus tampões de ouvido, seu notebook na mão, então eu pensei, *'Ah, ótimo, é alguém que interrogará a comissária de bordo sobre o cardápio e então pedirá a lista de ingredientes do húmus'*."

Nós rimos e tivemos um momento de entrosamento divertido, mas evitei perguntar o nome dele ou pedir um cartão de visita para não acabar com nossa frágil intimidade anônima.

Logo mais o avião estava pousando. As luzes estavam baixas, o aviso de *colocar cintos* estava aceso. As janelas estavam abertas revelando arranha-céus reluzentes contrastando com um céu azul escurecendo. Foi um momento moderno ao redor da fogueira, só faltava o barulho do fogo crepitando e a brisa fresca vinda do lago.

Não sei ao certo o que me compeliu, mas eu virei para ele e disse: "Olhe, cara, nós nunca mais nos veremos novamente, mas eu senti uma conexão com você. Então, se você quiser me contar alguma coisa, só *contar* alguma coisa, sabendo que nunca me verá de novo, se for bom para você, eu quero que você saiba, como seu amigo temporário, que eu estou aqui e ficarei feliz em escutar. Eu sei que é muito estranho, mas só estou falando isso porque senti uma conexão."

E ele disse: "Eita... uh... uau... bem... Meu Deus... Bem, você sabe que eu sou casado, né? E, ahn, bem, eu acho... Sei lá, não sei se... se seria certo."

"Eu acho que não sei... se devo."

Eu estava mesmo tentando não mostrar nenhuma emoção e só dar ouvidos ao que ele dizia, mesmo que na minha cabeça eu estivesse pensando "Aaaah, não", então falei apenas "É... é... eu entendo, digo, sim, me conte...".

E ele disse: "Parecerá muito ruim, mas eu preciso contar para alguém. Eu sei que parece horrível, mas eu... eu acho que sou mais inteligente do que ela. Sinto que é uma coisa horrível de se dizer. Só que sinto que não estamos nos conectando. Eu sinto que não posso estar com alguém que não entende minhas piadas, não se interessa pelas mesmas questões que eu, nem quer ver os mesmos filmes. Então, isso é algo importante! Mas acho que a raiz disso tudo é que não temos uma conexão intelectual."

Pausa.

Uma longa pausa.

"Isso é difícil", falei.

E ele fez que sim com a cabeça. "É, me desculpe. Eu, eu… uh… *obrigado.*"

Ele recostou-se em seu assento e eu senti uma liberação emocional gigantesca emanando dele. Como se um pedaço de metal enferrujado, pingando sangue, tivesse sido finalmente puxado de seu ventre depois de anos. Aquelas palavras tinham estado entaladas no fundo, persistentes, incômodas, e de repente foram ejetadas… e agora poderiam ser jogadas em uma tigela de metal ao lado da mesa de cirurgia para serem examinadas adequadamente sob forte iluminação.

Os pensamentos dele *deram um passo adiante*… e parecia que, de repente, ele tinha um campo de pensamentos novo em folha para explorar.

O avião parou derrapando na pista de pouso e nos despedimos antes de pegarmos nossas malas e descermos do avião.

Foi uma conversa profunda no avião e um belo momento, e imaginei que acabaria ali.

… mas então…

… um ano depois…

… eu o vi novamente.

Como eu falei, eu voava muito naquele trecho. Então, quando desci do avião em Boston, lá estava ele! O consultor careca e barbudo esperando para entrar no mesmo avião!

Não entraríamos no mesmo voo dessa vez, mas eu estava prestes a passar por ele.

Ele olhou diretamente para mim e eu olhei de volta. E quando meu rosto ficou a poucos metros do dele, eu olhei bem em seus olhos e percebi que ele estava abalado.

Como se estivesse vendo um fantasma.

Ele parecia ter medo.

Imediatamente tive a sensação de que ele decidiu continuar com a esposa. Que ele enterrou seus sentimentos bem fundo ou talvez os tenha processado para poder vê-los sob uma nova luz mais positiva. Talvez tenha se dado conta de que estava errado. Talvez continuasse com ela pelos filhos ou pelo dinheiro. Talvez ele visse mais complexidade no problema.

Independentemente do que fosse, eu senti naquele olhar assustado que ele pensava algo como "Ah, não, aqui está o cara a quem contei aquele segredo horrível e embora eu quisesse libertar e eliminar esse segredo, agora ele continua vivo e real".

Parte do acordo da confissão que ele me fez era minha promessa de que nunca mais nos veríamos. E agora, aqui estava eu, vendo-o novamente. Violando aquela promessa.

Os seus olhos assustados, queixo travado e linguagem corporal rígida me disseram que eu deveria ficar calado, passar rapidamente por ele e sumir o quanto antes.

VOCÊ É SENSACIONAL

E foi o que eu fiz.

Agora, de fato, *nunca mais o vi.*

Então...

Por que contei essa história?

O que ela significa para você, para mim e para nós?

Bem, contarei o que significa.

Significa que todos nós precisamos de confissões contemporâneas.

Significa que nesse mundo caótico e barulhento precisamos de um lugar em que nossos pensamentos se esclareçam, se solidifiquem e então sejam descartados. Ficamos muito fechados em um compartimento estanque! Revisitamos nossas dores e problemas tantas vezes que eles se agitam e giram dentro de nós como furacões, muitas vezes nos levando a sentir que é *isso que somos,* em vez de simplesmente ser *o que passamos.*

Essa ladeira escorregadia pode nos fazer ficar no fundo do poço por muito mais tempo do que precisamos. Nós escorregamos, giramos e ficamos encalhados lá nos atormentando.

Mas há uma saída.

Uma estradinha ao sensacional.

1

Qual a religião que mais cresce no mundo?

Temos muitas palavras para *liberações físicas*.

Ter orgasmos. Sangrar. Transpirar. Tossir.

Mas não temos tantas para *liberações mentais*.

Na verdade, a maioria delas descreve *como* elas acontecem, mas não temos tantas palavras para *o que* é liberado. Ataques de pânico, episódios maníacos, acessos de gritos. Isso descreve *como*. Imagine uma lata de refrigerante agitada em um dia quente de verão jogada bem alto antes de cair no asfalto quente. É assim que muitas das nossas liberações mentais finalmente acontecem. Em uma explosão espumante e efervescente depois que nosso interior não consegue mais contê-las.

Posso lhe fazer uma pergunta?

Você é uma pessoa religiosa?

Agora, eu não ligo se você é ou não. Amo você de qualquer jeito. O motivo da pergunta é porque se for budista, cristão, mórmon, judeu ou muçulmano, provavelmente sabe o papel da *confissão* na sua religião.

Sim, uma forma diferente de liberação mental.

E mesmo que você não saiba como confissões funcionam em uma religião em particular, pode saber que ela desempenha um papel nas religiões em geral.

Imagine o clichê hollywoodiano do mafioso em roupas finas e sapatos de couro se ajoelhando em um confessionário católico, olhando através da treliça e dizendo "Abençoa-me, Padre, pois eu pequei. Deixei o Louie com um problemão no porão da loja e então transei com a esposa dele".

Por que a confissão é uma parte tão importante da religião?

Porque, segundo a Igreja Católica, além de ganhar a graça de Deus, a confissão *fornece cura para a alma.*

Cura para a alma.

Sim.

Muitas religiões acreditam que é bom desabafar.

A confissão é uma forma de liberação mental que lembra mais um processamento pensado do que uma lata de refrigerante agitada.

E, apesar de a confissão ser uma liberação mental incrível, muitos de nós não a utilizamos.

Por quê?

Bom, de acordo com a *National Geographic,* a religião que mais cresce no mundo é a "ausência de religião". Pesquisas mostram que o aumento da "ausência de religião" está acontecendo mais rápido do

SEGREDO N° 6

que o previsto. França, Holanda e Nova Zelândia logo terão populações majoritariamente seculares, e Reino Unido e Austrália estão prestes a perder sua maioria cristã.

Por que isso está acontecendo? A *PLOS One* [*Biblioteca Pública de Ciências Número Um*], publicou um estudo chamado *"Generational and Time Period Differences in American Adolescent's Religious Orientation, 1966–2014"* [*Diferenças Geracionais e de Período de Tempo na Orientação Religiosa de Adolescentes Norte-americanos, 1966–2014*]. Sim, é um enorme nome. Mas ele revela que a geração de hoje é a menos religiosa em seis décadas. Seria porque eles estão se mudando mais e se sentem menos ligados a uma igreja, templo ou local de adoração em suas comunidades? Seria porque as famílias são menores, fazendo com que não estejam formando e transmitindo valores aos filhos com a mesma frequência? Seria porque, graças à maior expectativa de vida, eles enfrentam menos doenças graves e falecimento de familiares, fatos que as religiões tradicionalmente ajudam a consolar? Podem ser algumas dessas coisas. Podem ser outras. De qualquer jeito, significa que cada vez menos pessoas têm um confessionário religioso para usar.

E há outro problema: além do declínio da igreja, temos um declínio da comunidade em geral. Atualmente, o número de norte-americanos que moram sozinhos bateu todos os recordes. Somos 40%! E os índices de solidão dobraram nos últimos trinta anos. Normalmente, um cirurgião geral nos alerta de epidemias como tabagismo e obesidade. Mas na matéria de capa da *Harvard Business Review*, o ex-cirurgião geral Vivek Murthy disse que a próxima grande epidemia é a solidão. Não estamos saindo com amigos tanto quanto antes. E relatórios revelam que temos menos amigos próximos atualmente do que há vinte e cinco anos.

Portanto, nessa era de secularismo e solidão crescentes, a que podemos recorrer para obter liberação mental?

2

Um milhão de cartões-postais mostram do que precisamos

Muitas vezes, nós procuramos uns aos outros virtualmente.

Compartilhamos nossas histórias em fóruns, respondemos comentários em blogs e até mesmo enviamos nossas confissões para estranhos em cartões-postais.

Mesmo?

Sim, Frank Warren ganhou o apelido de "Estranho Mais Confiável da América" depois que começou um projeto de arte viral chamado *Post-Secret* [*Postal Secreto*, em tradução livre], em 2005. Todo domingo ele publica em seu site, *PostSecret.com* [contéudo em inglês], uma lista selecionada de confissões anônimas enviadas a ele pelo correio em cartões-postais. Ele já recebeu mais de um milhão de cartões-postais até hoje, e isso o ajudou a criar o maior blog sem anúncios do mundo, com quase um bilhão de visualizações. O PostSecret também rendeu uma série de best-sellers e uma instalação de arte itinerante exibida em todo lugar, desde o Museu Smithsonian de Arte Moderna até o Museu Nacional de Belas-artes de Taiwan.

Tudo a partir de confissões contemporâneas.

Tudo a partir de colecionar e compartilhar confissões e segredos de pessoas do mundo todo.

O PostSecret é uma reflexão surpreendente e impactante das coisas que retemos só para nós e que ajuda a mostrar que precisamos revelá-las para nos curar.

Sou muito grato a Frank Warren, que selecionou graciosamente um caderninho de seis páginas com cartões-postais do PostSecret para vermos aqui. Uma mini-instalação de arte no meio de um livro! Aqui está ela:

Naquele sábado, quando você imaginou onde eu estaria, bem, eu estava comprando sua aliança. Ela está no meu bolso agora mesmo.

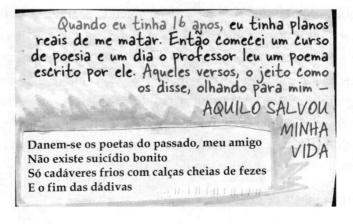

Quando eu tinha 16 anos, eu tinha planos reais de me matar. Então comecei um curso de poesia e um dia o professor leu um poema escrito por ele. Aqueles versos, o jeito como os disse, olhando para mim — AQUILO SALVOU MINHA VIDA

Danem-se os poetas do passado, meu amigo
Não existe suicídio bonito
Só cadáveres frios com calças cheias de fezes
E o fim das dádivas

SEGREDO Nº 6

VOCÊ É SENSACIONAL

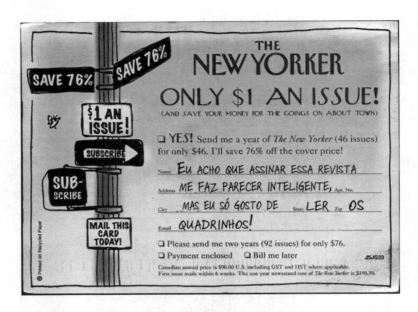

SEGREDO Nº 6

Eu trabalhava com uma equipe de religiosos severos, então, de vez em quando eu ia trabalhar sem calcinha, e só sorria muito e ria comigo mesma.

Sou muito grato ao psiquiatra que visitei quando tinha dezenove anos, que me disse que eu ficaria bem de novo.

Ele salvou minha vida.

VOCÊ É SENSACIONAL

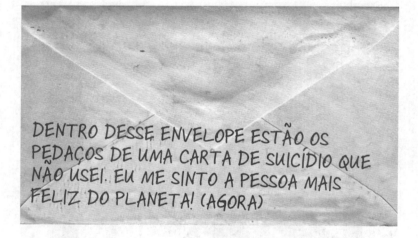

SEGREDO N° 6

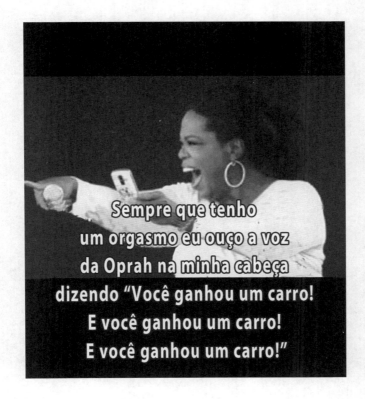

3

A prática matinal de dois minutos

Precisamos revelar para curar.

É assim que processamos as coisas, dizemos a nós mesmos que estamos bem, que estamos seguindo em frente e, sim, que somos sensacionais.

Revelar para curar se refere à liberação mental que acontece quando você *dá uma forma concreta e expele* todas as ansiedades que flutuam no fundo do seu cérebro.

Quando procurei um terapeuta pela primeira vez depois do meu divórcio, eu praticamente saía de lá saltitando de alegria.

Simplesmente tinha extravasado meus pensamentos — ansiosos, bizarros ou malucos — mesmo que não fizessem sentido. E meu corpo sentia a emoção de dar forma e me livrar deles. Era um orgasmo mental! Aquele processo me ajudou a organizar, esclarecer e confirmar meus sentimentos. E, definitivamente, me ajudou a seguir em frente.

Aquilo parecia tão poderoso quanto qualquer liberação física que eu já experimentei. Como resultado, *liberações mentais planejadas* — expulsões desvairadas de pensamentos — se tornaram uma grande parte do meu dia e eu as tornei um hábito regular.

VOCÊ É SENSACIONAL

Poucos empregam algum tipo de rotina de falar com um profissional sobre nossos pensamentos ou fazem algo consciente e proativo para nos ajudar a processá-los. Terapia é ótimo, mas está longe de ser acessível. Há filas enormes para terapeutas públicos (se é que existe algum em sua comunidade) e terapeutas particulares custam caro. Compreensivelmente caro, mas é caro. Isso sem falar do estigma social, que acredito ser diferente dependendo de onde você esteja cultural ou geograficamente e etc. O que estou dizendo é que me lembro dos olhares de "O que há de errado com você?" que eu recebia quando dizia que estava fazendo terapia. Nós nos gabamos de nossos incríveis treinadores ou professores de ioga, mas raramente ouvimos alguém se gabar sobre o terapeuta que os ajudou a processar toda aquela culpa carregada desde a infância.

Então existe alguma opção mais acessível além de terapia profissional?

Como podemos dar forma e expelir nossos pensamentos ansiosos?

Confissão contemporânea.

Mas como praticamos a confissão contemporânea?

Pensei nisso por muito tempo depois da experiência confessional com o consultor careca e barbudo do avião.

Ele se sentiu muito *aliviado* depois de me contar o que pensava sobre seu casamento e depois muito *horrorizado* porque seu segredo não voltou a desaparecer nas trevas. A lição é que desejamos desesperadamente o alívio que a confissão proporciona, mas também queremos desesperadamente confessar de maneira segura. PostSecret? É anônimo. Sem endereço de remetente. Sem nome. Um jeito seguro de revelar para curar.

SEGREDO Nº 6

Uma pesquisa fascinante publicada na revista *Science* pela neurocientista Stefanie Brassen e seus colegas endossa o quão curativo pode ser o ato de revelar. Seu estudo *"Don't Look Back in Anger!: Responsiveness to Missed Chances in Successful and Nonsuccessful Aging"* [*Não Se Lembre com Raiva!: Responsividade a Chances Perdidas no Envelhecimento com ou sem Sucesso*, em tradução livre] mostra que minimizar mágoas enquanto envelhecemos cria maior contentamento e felicidade. A pesquisa também mostra que guardar mágoas nos faz agir de forma mais agressiva e arriscada no futuro. Assim, as pessoas mais saudáveis e felizes estão cientes das mágoas que alimentam e então optam por descartá-las.

Mas como?

Quer saber como fazer isso?

Aqui está uma prática matinal de dois minutos.

Toda manhã eu pego um bloquinho de anotações ou um diário e escrevo essas três afirmações:

EU VOU PARAR...

EU SOU GRATO...

EU VOU FOCAR...

VOCÊ É SENSACIONAL

Eu busco realizá-las todo dia.

Recentemente, eu escrevi:

EU VOU PARAR...
De me comparar com Tim Ferriss

EU SOU GRATO...
Pelo cheiro de terra molhada diante de minha casa

EU VOU FOCAR...
a escrita de outro capítulo do meu livro

Isso leva só dois minutos e a diferença na minha vida foi tanto *imediata* quanto *incrível*.

Completar três frases simples me ajuda a "ganhar a manhã", o que ajuda a começar a "ganhar o dia".

Passamos cerca de mil minutos acordados todo dia. É isso aí! Então, não compensa gastar dois desses minutos para ajudar os outros 998 a serem os melhores possíveis? É uma alavanca incrível que você pode usar para se levantar.

SEGREDO Nº 6

Revelar uma leve ansiedade mental em um pedaço de papel foi extremamente curativo para mim. Porque, por mais louco que pareça, quando escrevemos nossas ansiedades, elas desaparecem.

Tenho 3kg de gordura na minha barriga.

Estou preocupado sobre a escola que meu filho frequentará ano que vem.

Acho que falei algo errado em um e-mail importante ontem.

Quer saber o que acontece quando eu releio meu diário, semanas depois? "Ah", eu penso. "Qual era mesmo o e-mail que me preocupou?" Normalmente nem consigo me lembrar a causa da preocupação.

E quanto às ansiedades maiores? Digamos que sua mãe esteja doente. Gravemente. Podem ser seus últimos dias. A prática matinal de dois minutos ajudaria? Sim. Ajudaria. Porque você está dizendo, processando e admitindo como se sente a respeito disso, então o peso pode ser examinado e reconhecido.

Além do mais, a próxima afirmação é "Eu sou grato…". Então você força seu cérebro a encontrar pequenos pontos positivos mesmo em meio a uma situação negativa maior. Li para minha mãe aquele livro que ela lia para mim quando eu era criança", "A enfermeira Jasmine me trouxe um café", "Meus filhos vieram passar o fim de semana em casa pela primeira vez esse ano".

É uma prática simples que fornece um alívio terapêutico rápido e um breve momento afastado de nossas mentes sempre focadas no futuro. A prática matinal de dois minutos o ajuda a se sentir melhor *e* fazer mais coisas porque você está fazendo uma liberação mental. Você está revelando para curar. Colocando seu cérebro em um espaço melhor. Aparecendo como seu eu melhorado.

VOCÊ É SENSACIONAL

Conhecemos um ótimo estudo chamado *"The Benefits of Frequent Positive Affect: Does Happiness Lead to Success?"* [*Os Benefícios do Efeito Positivo Frequente: A Felicidade Leva ao Sucesso?,* em tradução livre] realizado por Sonja Lyubomirsky, Laura King e Ed Diener que diz que se você iniciar o dia com uma mentalidade positiva, aumentará sua produtividade em 31%, venderá 37% mais e terá três vezes mais criatividade que seus colegas. Essas são grandes vitórias, todas obtidas graças a alguns momentos dedicados a descartar alguma coisa, sermos gratos e escolhermos um foco para nosso dia.

"Vou parar… com a obsessão pelo sinal de nascença peludo no meu braço."

"Vou parar… de me envergonhar porque saí da aula de spinning depois de cinco minutos, completamente sem fôlego."

"Vou parar… de me preocupar por ter traumatizado meu filho de três anos porque gritei com ele para calçar sapatos."

Revelado.

Curado.

E quanto à gratidão? Por que devemos garantir que vamos escrevê-la? Uma pesquisa dos professores Robert Emmons e Michael McCullough mostra que se você escrever cinco motivos de gratidão por semana ficará consideravelmente mais feliz e fisicamente saudável depois de um período de dez semanas. E quanto mais específico, melhor. Escrever "família, comida ou emprego" ou algo vago assim repetidamente não causará picos de felicidade. Nossas mentes não *revivem* nenhuma experiência em particular desse jeito. Tente coisas como:

"Sou grato… pelo Trooper ter aprendido a dar a patinha."

"Sou grato… pelo cheiro de bolinho de canela na estação do metrô."

"Sou grato… porque o Rodriguez abaixou o assento do vaso."

Você captou a ideia.

Eu imagino que escrever motivos para ser grato depois de ter expelido uma ansiedade seja algo como organizar redes neurais, nivelando e refrescando meus pensamentos.

E agora, finalmente, o foco.

No que o "Eu vou focar…" nos ajuda?

Bom, depois de revelar e curar, limpar seu rinque de patinação mental, é hora de se livrar daquela lista interminável de coisas que você *poderia* fazer e focar as coisas que *fará*.

Por quê? Porque senão você revisitará mentalmente sua lista do que *poderia fazer* o dia todo. E isso só causará fadiga decisória. A energia para tomar decisões usa uma área particularmente complexa do cérebro e desperdiçamos energia sempre que estamos sem foco. Segundo o professor de psicologia Roy Baumeister, da Universidade Estadual da Flórida, e o jornalista do *New York Times*, John Tierney, disseram no livro *Força de Vontade: A Redescoberta do Poder Humano*, "A fadiga decisória ajuda a explicar porque pessoas geralmente sensatas ficam com raiva de colegas e familiares, compram roupas caras demais ou porcarias no supermercado e não conseguem resistir àquela oferta para aplicar filme antiferrugem no carro novo. Não importa quão racional ou inteligente você tenta ser, não conseguirá tomar decisões sucessivas sem pagar um preço biológico. Ela é diferente da fadiga física comum — você não está consciente do seu cansaço —, mas está com pouca energia mental".

VOCÊ É SENSACIONAL

Livrar-se do estresse assim de manhã cedo me ajuda a evitar revisitar mentalmente uma preocupação ao longo do dia.

Escrever uns poucos motivos da minha gratidão me ajuda a ser mais positivo todos os dias.

E dedicar minha atenção em uma meta maior para cada dia completa o pacote.

Limpar o caminho e clarear a mente para retomar o rumo certo.

Revelar para curar.

SEGREDO N° 6

ACRESCENTE OS TRÊS PONTINHOS

◇

DESVIE O HOLOFOTE

◇

VEJA A COISA COMO UM DEGRAU

◇

CONTE UMA HISTÓRIA DIFERENTE
A SI MESMO

◇

PERCA MAIS PARA GANHAR MAIS

◇

REVELE PARA CURAR

SEGREDO Nº 7

Encontre Lagos Pequenos

Você já foi péssimo em fazer alguma coisa?

Claro que sim. Todos nós já fomos! Fazemos inscrições em atividades a que não comparecemos, começamos coisas que não terminamos e, por fim, chegamos em algum lugar e olhamos em volta sem termos ideia de como fomos parar lá.

Talvez tenha se mudado para um bairro em que todos sejam mais ricos do que você e dirijam carros mais chiques. Você arrumou um emprego em uma empresa na qual todos falam em um código que você não entende. Você se casou e teve um filho com alguém de quem não tem certeza se gosta. *Nós cometemos erros.* Faz parte da vida entrar em situações novas, mas, às vezes, essas situações são bastante desconfortáveis ou acabam mal. Às vezes você só quer apertar o botão de ejetar e decolar para Marte.

Era como eu me sentia na maior parte do meu tempo em Harvard. Eu respeitava a universidade, me impressionava com os professores, amava meus colegas, mas não me identificava com as carreiras que os formandos almejavam. Por que eu desejaria sentar em uma sala de reuniões sem janelas ajudando uma empresa rica a ficar mais rica ainda ao lhe ensinar a demitir dez mil pessoas? Por que eu gostaria de ajudar na fusão de duas empresas para satisfazer

VOCÊ É SENSACIONAL

o ego de algum CEO bilionário? Por que eu desejaria me escravizar em uma equipe de marketing desesperada para vender mais odorizadores de ambientes?

Esses empregos não faziam sentido!

Mas em compensação... eles pagavam tão bem! Se o mundo é formado por manivelas e engrenagens, muitos desses empregos estavam girando-as. Eu senti que queria o estilo de vida que a universidade me mostrava, mas, ao mesmo tempo, ele não fazia sentido para mim.

Foi nesse contexto que ouvi uma história do Reitor John McArthur que foi uma epifania, e na qual eu penso sempre quando tento me fortalecer.

Deixe-me compartilhá-la agora.

1

A história transformadora do reitor

Quando eu entrei na Harvard Business School, tive que apresentar a declaração do imposto de renda dos últimos três anos para avaliar meu pedido de ajuda financeira. Reuni toda a documentação, e minha renda somada era menos de US$50 mil... por três anos.

Por quê?

Bem, eu não faturei nada três anos antes porque eu ainda era um estudante universitário. E depois não faturei nada quando estava tocando meu restaurante e, por isso, não conseguia tirar um salário para mim.

Entre esses dois zeros estava meu salário da Procter & Gamble de US$51 mil, mais bônus. Ou pelo menos parte dele, já que não completei um ano lá.

Eu me senti envergonhado por mandar esses números para Harvard, mas fiquei contente dois meses depois, quando recebi uma carta dizendo "Parabéns! Você é tão pobre que vamos pagar para que estude aqui!".

Descobrir, de repente, que eu não precisaria de um financiamento estudantil de US$70 mil me fez sentir como um ganhador da loteria. Mas eu já tinha recebido várias ligações me oferecendo cruzeiros no Caribe grátis ao longo do tempo, então reli a carta para garantir que era autêntica.

E era.

Acontece que eu e vários outros estudantes canadenses fomos beneficiários da Bolsa de Estudos Canadense John H. McArthur.

John McArthur foi o reitor da Harvard Business School de 1980 a 1995 e, sendo ele próprio canadense, estabeleceu uma bolsa de estudos para pagar pela anuidade de qualquer canadense que fosse aprovado e não nadasse em rios de dinheiro.

Senti uma onda de amor por esse senhor inesperado que nunca vi, e quando cheguei a Harvard, passei uma noite inteira escrevendo uma carta de agradecimentos de cinco páginas compartilhando a história de minha vida, meus fracassos, tudo que me levou até aquele ponto e tudo o que eu queria fazer depois.

Antes que pudesse pensar melhor se ele queria uma carta enorme de um completo estranho, eu a selei com um beijo e deixei em uma caixa de correio na Harvard Square. Algumas semanas depois eu recebi um telefonema do gabinete de John McArthur me convidando para almoçar com o próprio!

Acho que mostrei nervosismo ao telefone, pois a assistente precisou me acalmar. "Não se preocupe", disse ela, "ele só quer conhecê-lo". Aí ela sussurrou: "Não recebemos muitas cartas de agradecimento de cinco páginas."

SEGREDO N° 7

Então, em um intervalo entre aulas duas semanas depois, eu fui ao escritório de John McArthur atrás de uns carvalhos altos, em um edifício coberto de hera em uma extremidade do campus.

Fui convidado a entrar. Ele girou em sua cadeira, sorriu, ergueu-se e apertou minha mão.

"Sente-se, Neil", disse ele, e indicou a mesa circular no meio da sala, em que havia dois sanduíches embalados.

"Espero que goste de atum."

John McArthur esperou pacientemente eu escolher uma das várias cadeiras e então se sentou ao meu lado. Ele usava um cardigã casual abotoado e óculos grossos que balançavam em seu nariz. Sorriu tão calorosamente quanto um velho amigo — humilde, amável, prático.

Achei isso particularmente incrível, pois parecia haver um quadro famosíssimo na parede atrás dele. Aquele era um Picasso?

Ele notou que eu estava observando o quadro. "Ah, aquilo", disse ele, "foi presente de um líder estrangeiro. Não podíamos colocá-lo na residência do reitor por conta de, hã…".

Observei o quadro enquanto a voz dele diminuía e notei que a pintura parecia um touro exibindo uma ereção azul enorme.

Eu ri e então começamos uma conversa.

"Então, como vai a faculdade até agora?", perguntou ele.

"Ah, você sabe, estressante. Começamos as aulas há algumas semanas, e eu fico sempre até depois da meia-noite lendo casos e me preparando para eles. E as empresas já começaram a visitar o campus. Todo mundo quer trabalhar nos mesmos cinco lugares, então estamos tomando cerveja com consultores e banqueiros milionários com olheiras fundas na esperança de podermos nos tornar consultores e banqueiros milionários com olheiras fundas também."

Ele levantou as sobrancelhas e riu.

Houve uma pausa.

Então ele me contou uma história que mudou minha vida e, olhando em retrospecto, foi mais valiosa do que toda a anuidade que ele estava pagando generosamente para mim.

"Neil, agora você é só um cara ansioso parado de fora da praia", começou ele. "Você está encostado na cerca olhando para dentro. Ela está fechada, mas logo abrirá. Você consegue ver a areia, sentir o cheiro do oceano, ver meia dúzia de pessoas bonitas tomando sol em trajes de banho. Mas sabe quem mais está ao seu lado na cerca? Outras mil pessoas ansiosas como você. Todas querem entrar na praia. E quando o portão da cerca se abre, elas correm pela areia quente e tentam seduzir as mesmas poucas pessoas ao sol. Suas chances de ganhar delas são muito baixas."

Concordei com a cabeça. Participei do recrutamento no campus na Queen's University. Foi doloroso. Centenas de horas pesquisando empresas, adequando currículos, escrevendo cartas de apresentação, preenchendo aplicações online, praticando entrevistas, comprando roupas para as entrevistas, pesquisando sobre cada entrevistador antes de conhecê-los, escrevendo e enviando notas de agradecimento, e depois o estresse enorme de aguardar semanas ou meses por respostas.

SEGREDO Nº 7

"Então saia da praia", disse ele.

"Deixe os outros mil correrem para dentro e se estapearem. Deixe-os lutarem com unhas e dentes. E, sim, alguns deles vão se dar bem com aquelas poucas pessoas ao sol. Mas é muito melhor sair da praia. Porque, mesmo que você chegue a ganhar, sabe o que teria que fazer o tempo todo naquela praia? Prestar atenção às suas costas. Ver quem mais tomará seu lugar e mandá-lo embora. Seja como for, você provavelmente não vencerá. Mas se vencer, ganhará uma vida plena de estresse."

Eu ficava em um estado de ansiedade permanente no campus. Ficava ansioso com as aulas porque ficava ansioso com as notas e ficava ansioso com as notas porque ficava ansioso com os empregos e ficava ansioso com os empregos porque ficava ansioso por causa de dinheiro.

E lá estava esse homem me oferecendo um alívio.

"Mas se eu não conseguir nenhum desses empregos", falei, "ficarei sem dinheiro. Consegui sua bolsa de estudos porque não tinha dinheiro. Tinha esperança de corrigir esse problema".

Ele riu. "Você ficará bem. É economia básica. **Há muito mais problemas e oportunidades no mundo do que pessoas talentosas e batalhadoras para resolvê-los.** O mundo precisa de talento e trabalho duro para resolver seus problemas, portanto, pessoas talentosas e trabalhadoras sempre terão oportunidades infinitas."

As palavras dele foram como um bálsamo aplicado a uma queimadura no meio da minha alma. O que ele dizia era... *diferente*.

VOCÊ É SENSACIONAL

"Então", perguntei, cautelosamente aprofundando a metáfora, "se eu sair da praia, para onde eu vou?".

"O que você acha que tem a oferecer?", perguntou ele. "Você é jovem. Tem pouca experiência, mas está aprendendo. Você tem paixão. Dá energia e ideias às pessoas. E quem precisa disso? Não aquelas empresas chiques que mandam gente aqui em seus jatinhos particulares. São as *empresas quebradas*. As *empresas falidas*. As que *estão perdendo dinheiro*. As que estão *batalhando*. Elas precisam de você. A última coisa que elas fazem é fretar equipes para sessões de recrutamento em Harvard. Mas se bater em suas portas e entrar, elas ouvirão suas ideias, lhe darão empregos ótimos e muito aprendizado e o levarão a sério. Você participará de reuniões em vez de apenas fazer anotações. Aprenderá rápido, ganhará experiência mais rápido ainda e fará mudanças para ajudar um lugar que precisa de ajuda de verdade."

Houve uma pausa longa enquanto digeria o que estava ouvindo.

Pense nisso por um segundo.

A Harvard Business School tinha um exército de gente dedicada a planejar, executar e guiar estudantes pelo recrutamento no campus. Era um departamento gigante. Oficinas de projeção de carreiras, painéis de anúncio de empregos, sessões informativas. Cervejadas e jantares de negócios. Primeiras, segundas e terceiras rodadas de entrevistas no campus.

E lá estava eu sentado na frente do reitor que estava me dizendo para jogar isso tudo no lixo, ignorar completamente o processo e ligar para um punhado de empresas quebradas ou falidas.

SEGREDO Nº 7

Saí daquele almoço e nunca mais me candidatei a nenhum emprego durante a faculdade. Nenhuma sessão informativa, nenhum anúncio de emprego ou entrevista. Só voltava para o meu apartamento e fazia uma planilha de Excel.

Eu a preenchi com uma lista de empresas quebradas ou em dificuldades de que me lembrava. Lugares que estavam fazendo algo interessante, mas enfrentavam momentos complicados. Um grande derramamento de óleo. Uma queda nos preços das ações. Uma demissão em massa. Um lançamento fracassado. Um problema de RP. A reputação ruim.

Juntei quase cem nomes de empresas, então criei um roteiro de chamada telefônica de 30 segundos dizendo que era um aluno estudando sobre liderança e que adoraria fazer algumas perguntas a um líder de Recursos Humanos. Telefonei para todas as cem empresas. Cheguei a visitar cerca de metade delas e, em seguida, agradeci, compartilhei alguns artigos e fiz convites para um café ou um almoço. Umas dez aceitaram meu convite. Depois dessas dez conversas, escrevi cartas de agradecimento e pedi um emprego de férias.

Recebi cinco ofertas.

Todas elas eram de empresas de fora da praia.

Fui contratado pelo Walmart e descobri que era o único lá com mestrado... em um escritório com mais de mil pessoas.

O conselho do reitor McArthur valeu. De repente, eu era um peixe grande em um lago pequeno. Todos os meus colegas de Harvard já haviam ido embora há tempos. Eles estavam processando planilhas de Excel em torres de vidro. Eu estava sentado em uma cadeira rasgada ao lado de caixas de papelão velhas em um sobrado no subúrbio.

Mas eu amava aquilo. Tinha trabalho a fazer e problemas reais a resolver.

No Walmart, descobri que era um dos poucos que citava pesquisas recentes e estudos de caso porque eu tinha lido e revisado muitos deles na universidade. Havia muita coisa que eu não sabia. Não tinha experiência com varejo, nem com operações de loja. Nem com o Walmart! Mas as coisas que eu sabia eram diferentes das que meus colegas sabiam.

E diferente é melhor do que mais.

Passei o verão projetando, planejando e conduzindo a primeira conferência de liderança interna da empresa.

Foi um sucesso.

Então, no meu último dia do emprego de férias, o diretor do RH me entregou uma oferta de emprego integral com um salário inicial primoroso.

Eu estava longe da praia.

E isso era ótimo.

2

Qual é o problema com o apê de 5 milhões de dólares?

O que aprendi com a história da praia do reitor McArthur?

Encontre lagos pequenos para que você possa ser o peixe grande.

Quando estudei na Harvard Business School, fiquei abaixo da média em tudo. Notas, participação em sala, não importa o que era medido, eu estava na metade inferior. Era um peixinho em um lago enorme de pessoas muito bem-sucedidas do mundo todo. Nunca me senti bem quanto ao que estava conseguindo lá. Estava sempre na parte de baixo do totem.

Penso muito nisso quando vejo propagandas na contracapa de revistas sofisticadas divulgando novos apês em Manhattan com preços a partir de US$5 milhões. Eis um peixinho em um lago enorme! Cinco milhões de dólares significam que o seu é *o pior apê do prédio*. Sem vista, sem prestígio, sem nada. Quem investiria nesse tipo de cilada quando US$5 milhões pagariam por uma cobertura com suíte em quase qualquer outro lugar?

Quando comecei no Walmart, eu era diferente.

E diferente realmente é melhor do que mais.

Minha formação não foi neutralizada de forma imediata por estar cercado de mesas repletas de gente com excelentes diplomas. No Walmart, eu *tinha algum valor*. Então minha confiança aumentou. A sensação de "eu consigo!" se intensificou.

Não comece a nadar no maior lago que encontrar. Comece no menor. Não corra atrás do bonitão ou da bonitona na praia. Procure o nerd na biblioteca. Encontre a empresa quebrada.

Encontre o lugar em que ninguém quer estar.

E comece lá.

O conselho do reitor McArthur funcionou tão bem para mim que comecei a usá-lo também em outras áreas da minha vida. Às vezes, conscientemente, às vezes, não.

Mas sempre funcionava.

Quando comecei a fazer palestras remuneradas, minha agência sugeriu uma faixa inicial de valores que me parecia extremamente alta.

"Sumarize tudo que aprendeu com suas pesquisas e experiências em uma hora, vá para onde as pessoas querem que você esteja, entregue tudo isso ao vivo para mil pessoas e certifique-se de ser agradável, didático e empoderador. É um trabalho difícil! Você deve ser bem pago por isso."

"Não sei", falei. "Parece muito alto. Quem mais está nesse patamar?"

SEGREDO N° 7

Eles listaram uma série de pessoas. Autores de best-sellers do *New York Times*, medalhistas de Olimpíadas, astros das salas de aula. Eu tinha ouvido falar de todos eles.

"Hum", falei. "E quanto à metade desse preço?"

Eles enumeraram outro grupo de pessoas, mas de que nunca tinham ouvido falar.

"E que tal a metade disso?", perguntei.

"Não tem metade disso", responderam. "Essa é a faixa mais baixa. Não compensa trabalharmos por meses, passar horas em teleconferências e providenciar toda a logística por comissões de palestras abaixo de certo nível."

"Certo", falei. "Coloque-me para começar na sua faixa mais baixa, por favor."

A agência não gostou, mas dar palestras com menor preço me levou a conferências e eventos menores. Eu comparecia a salas de reuniões locais com cinquenta pessoas em vez de cassinos em Vegas com mil. Minha confiança aumentou e se manteve alta quando fui para palcos maiores.

Eu analisei pesquisas que fundamentavam a ordem de ideias do pequeno lago e descobri que elas têm só trinta anos. Em 1984, um estudo de Herb Marsh e John W. Parker foi publicado no *Journal of Personality and Social Psychology*. Ele fazia uma pergunta bem simples e direta: "É melhor ser um peixe relativamente grande em um pequeno lago mesmo se você não aprender a nadar?"

A pesquisa no estudo fornecia uma resposta clara.

Sim.

É melhor.

Aquele estudo foi o primeiro dominó a cair em uma série de estudos ao redor do mundo que confirmavam o mesmo resultado incrível.

Independentemente de idade, histórico socioeconômico, nacionalidade ou formação cultural, quando você está em um lago menor, sua opinião sobre si mesmo — o que chamam de "autoconceito acadêmico" — melhora. E, mais importante, *continua melhor mesmo depois que você sai do lago*. Isso acontece porque duas forças opostas se apresentam: encaixar-se em um grupo em que você está e a crença contrastante de se sentir "melhor do que esse grupo". Nossos cérebros gostam do segundo sentimento e ele fica conosco quando percebemos "Ei, eu consigo" ou "Ei, talvez eu consiga algo *melhor*".

Qual é o outro jeito de pensar nisso?

Faça uma pergunta-chave a si mesmo.

Você prefere ser um Cinco em um grupo de Noves, um Nove em um grupo de Noves ou um Nove em um grupo de Cincos?

Os resultados mais impressionantes desses estudos dizem que ser um Nove em um grupo de Cincos aumenta seu autoconceito acadêmico *mesmo dez anos depois que você deixa o grupo*.

Coloque-se em uma situação na qual você acha que é alguém importante. Adivinhe só? Você achará que é importante por muito tempo. E os estudos obtiveram esses resultados em muitos países, tanto em culturas individualistas quanto coletivistas ao redor do globo.

Então eu digo que não é motivo de vergonha se colocar em situações em que você se sinta muito bem consigo mesmo. Você deveria se rebaixar? Não! Definitivamente não. Mas não há nada de errado em entrar em uma maratona na categoria mais lenta, jogar na liga doméstica em vez da liga nacional ou começar a partida de golfe a partir do ponto mais próximo do buraco.

Sabe o que você está fazendo?

Se preparando para o sucesso.

Você prosperará porque acredita em si mesmo.

Então, há algum perigo aqui? Você consegue se achar tão importante que acaba estragando relacionamentos e magoando outras pessoas? Sim! Você está brincando com fogo. Já imaginou quantas celebridades se divorciam depois que começam a ficar famosas? Talvez seja porque o autoconceito delas tenha disparado! Elas acham que são peixes enormes! De repente, o casamento do lago pequeno no qual estão parece pequeno demais. E então elas pulam para um lago maior e começam a namorar algum astro.

Por que eu menciono isso? Porque se trata de autoconsciência.

Precisamos estar conscientes do lago no qual estamos nadando e ser gentis ao nadar. Encontrar lagos pequenos não é uma desculpa para ter um comportamento arrogante e orgulhoso. Não estamos tentando atirar uma bola de vôlei na testa dos meninos do jardim de infância.

Estamos usando um jeito cientificamente provado e fundamentado para sermos gentis conosco, nadar no raso e nos ajudar a, de maneira bem lenta, chegar até o ponto do sensacional.

Encontre lagos pequenos.

SEGREDO N° 7

ACRESCENTE OS TRÊS PONTINHOS

◇

DESVIE O HOLOFOTE

◇

VEJA A COISA COMO UM DEGRAU

◇

CONTE UMA HISTÓRIA DIFERENTE A SI MESMO

◇

PERCA MAIS PARA GANHAR MAIS

◇

REVELE PARA CURAR

◇

ENCONTRE LAGOS PEQUENOS

SEGREDO N° 8

SEJA INTOCÁVEL

O que acontece quando você está se reerguendo?

Bom, a sensação é ótima! Você está faturando, batalhando, se dando bem, brilhando, se colocando em lagos pequenos. Você vê resultados, está por cima, consegue ser produtivo.

E vamos pausar nesta palavra.

Produtivo.

Não é *fantástico* ser produtivo?

A verdade é que nunca fomos tão produtivos na história da humanidade.

Um relatório da McKinsey feito em 2015 sobre crescimento global alega que a produtividade do trabalhador cresceu 1,8% ao ano em nações desenvolvidas na última metade do século, mais rápido do que em qualquer período histórico anterior. O funcionário médio hoje produz 2,4 vezes mais do que em 1964.

O ritmo de crescimento de produtividade está mais rápido do que em qualquer outro momento da história.

E talvez pareça que tudo esteja muito bem.

Mas está mesmo?

VOCÊ É SENSACIONAL

Um artigo do *New Yorker* escrito por Alexandra Schwartz chama nossa atenção sobre produtividade e pressa "Nos melhorando até a morte". Ela escreve: "Não é mais suficiente imaginar nosso caminho para corpos e mentes melhores. Precisamos marcar nosso progresso em gráficos, contar nossos passos, registrar nosso ritmo de sono, alterar nossas dietas, gravar nossos pensamentos negativos — e então analisar esses dados, recalibrar e repetir."

Tim Wu, autor de *The Attention Merchants* [Mercadores de Atenção, em tradução livre], escreveu um artigo ao *New York Times* intitulado *"In Praise of Mediocrity"* [Elogio à Mediocridade, em tradução livre] no qual ele diz: "Se você é um corredor, já não basta correr em volta do quarteirão; você treina para a próxima maratona. Se é um pintor, não passa mais uma tarde agradável a sós com suas aquarelas e flores; você tenta arranjar uma exibição em uma galeria ou, no mínimo, obter uma quantidade respeitável de seguidores em mídias sociais... A promessa da nossa civilização, o sentido de todo nosso trabalho e progresso tecnológico, é nos libertar da luta pela sobrevivência e abrir espaço para buscas maiores. Mas exigir excelência em tudo que fazemos pode sabotar isso; pode ameaçar e até mesmo destruir a liberdade."

No momento, provavelmente assimilamos mais informações, nos comunicamos mais e completamos mais tarefas em um dia de trabalho do que nossos bisavós completariam em um mês.

Mas, em compensação, agora nos sentimos menos confortáveis para relaxar, criar, colorir fora das margens, nos arriscar, derramar tinta em tudo e entrar em contato profundo com coisas que definitivamente serão mais importantes para nós.

Quando o líder da sua empresa cancela um treinamento, uma conferência ou uma viagem, qual a razão apresentada sempre? "Estamos ocupados com muita coisa no momento." Podemos imaginar o semblante fechado, as testas franzidas e a sala cheia de pessoas acenando com a cabeça.

"Ah, sim. Muita coisa. Ocupados. Não tem como."

Sentimos que não podemos enfiar um galho nos raios da nossa roda de produtividade, senão a bicicleta cairá morro abaixo.

Estamos muito tensos, mas podemos pôr um fim nisso.

Precisamos enfiar um galho em nossos próprios raios.

Sim, um caminho que precisamos tomar rumo ao sensacional é dominar a habilidade de desligar todo o barulho ao nosso redor para sentar nos lagos pequenos de tranquilidade nos quais nossos pensamentos e ideias podem se misturar, fermentar, marinar e crescer.

Precisamos encontrar um espaço. Espaço para onde escapar, processar, refletir. Espaço onde possamos sair do convés, subir à cadeira do capitão e garantir que nosso navio esteja no curso certo.

Como fazemos isso?

Dias Intocáveis.

1

As duas perguntas a serem feitas antes de sair do seu emprego

Como você sabe que precisa de Dias Intocáveis?

Eu vou lhe contar o que me aconteceu quando saí do meu emprego no Walmart, depois de uma década.

Primeiro, por que eu saí?

Bom, o motivo se baseia na ideia dos três baldes que eu compartilho em *A Equação da Felicidade*. Permita-me mostrar uma versão resumida aqui.

Uma semana tem 168 horas. Um balde de 56 horas de trabalho, um balde de 56 horas de sono e um balde de 56 horas para diversão.

O balde do trabalho e o balde do sono pagam, justificam e criam o terceiro balde — o da diversão. O balde do que você quiser.

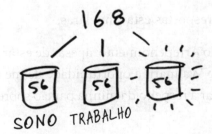

VOCÊ É SENSACIONAL

Durante a maior parte da minha década no Walmart, meu terceiro balde era escrever meu blog *1000 Awesome Things,* escrever *O Livro do Sensacional* e suas continuações, e palestrar sobre esses projetos. Chame isso de hobby, de emprego secundário, ou como quiser. Todo aquele trabalho anterior sobre uma vida plena era, na verdade, parte do meu balde de diversão.

Mas depois de me estabelecer com Leslie e termos filhos, meu terceiro balde começou a ser preenchido com banhos, leituras e a hora de dormir. De repente eu não conseguia mais ser um escritor noturno ou de fim de semana. Basicamente, fiquei sem baldes e precisava decidir se meu balde de 56 horas semanais de trabalho iria para o Walmart ou para escrever e proferir palestras.

O que aconteceu?

Com a ajuda de um antigo mentor, elaborei um modelo simples de duas perguntas para me ajudar a tomar a decisão. Eu compartilho aqui estas duas questões porque acho que podem ser úteis sempre que você tiver que optar por dar esse salto. Um salto. Qualquer salto.

Antes de saltar, faça a si mesmo:

1. **A Pergunta do Arrependimento:** No futuro, quando olhar para trás, do que me arrependerei de não ter mais feito?

2. **A Pergunta do Plano B:** O que farei se isso não der certo?

Para mim, as respostas estavam claras.

Na Pergunta do Arrependimento: apesar de estar galgando a escada corporativa no Walmart, a oportunidade de me aprofundar para escrever e palestrar a respeito da minha paixão sobre uma vida plena era rara e ousada. Eu sabia que se a abandonasse para me tornar um executivo com cargo de chefia, provavelmente seria torturado por um arrependimento incômodo para sempre.

Na Pergunta do Plano B: O que eu faria se eu optasse por escrever e fracassasse? Se cada livro meu fosse um fiasco após o outro? Se meu editor me dispensasse? Se meus seguidores sumissem? Se eu caísse no ostracismo como tantos que já apareceram e acabaram voltando ao anonimato? Isso poderia acontecer. Ainda pode! Mas eu sabia que poderia dar um trato em meu currículo e sair de porta em porta novamente. Embora tenha demorado a processar e confirmar esse pensamento, eu tinha certeza de que conseguiria arrumar outro emprego.

Então eu tomei a decisão.

Saí do Walmart e coloquei meu balde de 56 horas de diversão no lugar do balde de 56 horas de trabalho. E ainda tinha 56 horas para dormir! E o que aconteceu com o balde de diversão? Banhos, livros e a hora de dormir. Comparecer! Curtir minha família. Tentar (tentar) ser um ótimo marido e pai.

As duas perguntas pareciam ótimas.

E a ideia era muito boa no papel.

Mas havia só um problema.

2

O ruído está aumentando

Em meu primeiro ano após largar o emprego regular, acabei notando uma *queda* em minha produtividade para escrever.

Por quê?

Porque apesar de imaginar minha vida de escritor como uma paisagem bucólica de tempo pessoal sem fim, ela, na verdade, foi preenchida com reuniões. Reuniões? Acontece que elas nunca somem. Chamados para pesquisa, entrevistas por telefone, almoços com agentes, cafés com desenvolvedores de sites e teleconferências sobre agenda de publicações, entrevistas de rádio e convites de mídia.

Então o que aconteceu?

VOCÊ É SENSACIONAL

Bom, minha escrita caminhava aos trancos e barrancos. As marchas não engatavam. O problema, claro, o grande problema, era que agora minha atividade era medida unicamente pela minha produção criativa.

E, ainda assim, estava sem tempo para a produção criativa.

Isso não era apenas desanimador, mas também vergonhoso!

"E aí, como vai o livro novo?"

"Ah, agora que larguei meu emprego? Terrível!"

Eu achava que criaria um espaço largando meu emprego, mas, na verdade, só criei mais espaço para reuniões e distrações intermináveis que rapidamente preencheram a lacuna.

E também não é só comigo.

É um problema que todos temos hoje.

E está piorando.

Enquanto nosso mundo fica mais movimentado e nossos telefones tocam cada vez mais, o recurso mais escasso de todos logo será a atenção.

E todo mundo quer um pouco!

Estamos vivendo em um mundo no qual centenas de pequenos anzóis estão fisgando nossos cérebros todo dia. Ao entrar em um avião, somos bombardeados por um comercial de carro de luxo barulhento e impossível de interromper. Antes de decolar, a comissária faz um discurso robotizado para pedir que você *solicite agora* um cartão de crédito da companhia aérea. Ao pisar em um elevador, a telinha no canto tenta lhe vender um seguro enquanto exibe a previsão do

SEGREDO N° 8

tempo e manchetes noticiosas repetidas para chamar sua atenção. Ao entrar em um quarto de hotel, a TV o convida para o bar antes que você tenha a oportunidade de abrir seu notebook em cima da mesa cheia de cartões oferecendo massagens com pedras quentes e coquetéis de camarão no restaurante do saguão. Espie a nova notificação no seu celular, e verá que é só a sua companhia telefônica informando com entusiasmo que seus dados móveis estão acabando, mas se você digitar "1" agora, poderá adicionar mais por US$10. Ao abrir a caixa de entrada do seu e-mail, notará que chegaram quatro mensagens de spam desde a última vez que você conferiu. Ao olhar pela janela, você verá um ônibus embrulhado em um comercial gigante do próximo filme de super-heróis bem embaixo de uma selva de outdoors com propagandas de sanduíches de frango baratinhos, clubes de strippers e testes de paternidade.

Como podemos nos concentrar?

3

Como desaparecer completamente

Notei que meu tempo para escrever simplesmente sumiu.

Eu me lembrei dos meus tempos do blog e percebi que costumava ser um daqueles caras do tipo "acorde às 4 da manhã" ou "continue bebendo até as 4 da manhã" que continuavam a pegar pesado enquanto todo mundo dormia. Foi assim que escrevi mil postagens em meu blog em mil dias. Mas agora eu entendo que só é possível dirigir na via expressa enquanto se tem pneus. E eu criei resistência a conselhos de pessoas que não parecem reservar tempo para os baldes cruciais do sono e da família.

Notei que precisava de um jeito *prático* de conseguir fazer mais tarefas sem precisar de mais tempo.

E precisava disso rápido.

Bem, finalmente descobri uma solução que salvou minha carreira, meu tempo e minha sanidade.

Aposto que você também precisa desta solução.

Eu a chamo de "Dias Intocáveis".

VOCÊ É SENSACIONAL

Há dias em que fico literal e totalmente inatingível, de qualquer maneira... por todos.

Quais são os resultados?

Bom, os Dias Intocáveis se tornaram minha arma secreta. Para fazer uma comparação simplista, o dia em que escrevo entre reuniões rende cerca de 500 palavras. Em um Dia Intocável, normalmente escrevo 5 mil palavras. Dez vezes mais! E eu me sinto muito bem a semana toda por ter cumprido minhas metas.

Por que sou dez vezes mais produtivo durante os Dias Intocáveis?

Um trabalho fascinante escrito em 2009 pela professora de administração Sophie Leroy, da Universidade de Minnesota, constatou que entrar em um estado de fluxo enquanto se realiza *uma tarefa* faz com que sejamos mais produtivos do que quando tentamos nos concentrar em *tarefas múltiplas*.

Leroy cunhou o termo *resíduo de atenção* para explicar por que somos menos produtivos quando temos várias reuniões e muitas tarefas diferentes para cumprir em um dia. Basicamente, um resíduo de nossa atenção continua preso à tarefa anterior.

Quando converso sobre os Dias Intocáveis, as pessoas costumam rir.

Por quê?

Porque recebemos centenas de e-mails, mensagens e notificações todos os dias e fazemos malabarismos com tantas tarefas, projetos e prioridades que parece plenamente risível a ideia de deixar tudo de lado.

Mas é possível.

É vital.

Permita-me mostrar melhor como é um Dia Intocável: eu acho que eles têm dois componentes.

1. Há o trabalho criativo profundo.

Quando você está concentrado, seu cérebro fica tinindo, você entra em um estado de fluxo e o grande projeto no qual está trabalhando é cumprido passo a passo.

2. Há pequenos impulsos.

Pequenas borrifadas de gasolina na fogueira ajudam a despertar lampejos de criatividade quando elas se apagam. Momentos improdutivos de frustração acometem a todos, e é menos importante evitá-los do que ter um conjunto de ferramentas mentais que você possa usar quando eles ocorrem. Quais são minhas ferramentas? Ir à academia me exercitar. Comer algumas amêndoas. Dar um passeio curtindo a natureza. Meditar durante dez minutos. Mudar o local de trabalho.

Como determino meus Dias Intocáveis? Eu conto *dezesseis semanas* a partir de hoje e, a cada semana, eu marco um dia inteiro como INTOCÁVEL. Com letras maiúsculas mesmo: INTOCÁVEL. Eu não escrevo mais nada em caixa alta, mas permito que os dias INTOCÁVEIS "gritem" comigo.

Por que dezesseis semanas de antecedência? O número de semanas não importa tanto quanto a ideia por trás dele. Para mim, é quando fecho minha agenda de palestras — mas, é importante lembrar, antes de fechar qualquer outro compromisso. É um momento mágico em minha agenda. É a hora perfeita para cravar a bandeira do Dia Intocável antes que qualquer coisa possa querer ocupar o seu lugar.

VOCÊ É SENSACIONAL

No meu Dia Intocável propriamente dito, eu me imagino dentro de um carro cercado por vidros à prova de balas de 5cm. Nada pode entrar nem sair. Reuniões quicam no para-brisa. Mensagens, alertas e telefonemas também. Meu celular passa o dia em modo avião. Desligo o Wi-Fi do meu notebook. Nada pode me incomodar. E nada realmente incomoda. Então consigo mergulhar livre e profundamente, com facilidade, em meu trabalho.

E o que acontece se o carro blindado de um Dia Intocável sofrer uma colisão? Digamos que eu receba um convite incrível ou que alguém muito importante para mim só tenha *aquele dia* para um encontro.

Alerta vermelho: O Dia Intocável está ameaçado.

O que eu faço?

Tenho uma regra simples. Dias Intocáveis nunca podem ser deletados, mas podem ser remanejados entre os obstáculos dos fins de semana. Mas não mais que uma semana. Eles são mais importantes do que qualquer coisa que eu esteja fazendo, então não há problema em trocá-lo de quarta para quinta-feira ou até mesmo para sexta — mesmo que eu precise remarcar quatro reuniões para liberar a agenda. A beleza dessa abordagem está no momento em que você crava a bandeira do Dia Intocável no calendário e ela parece ser mesmo permanente. Você começará a sentir a onda de criatividade emergir assim que os marca.

E meus Dias Intocáveis são cercados de outras estruturas que garantem que eles aconteçam!

4

As 3 desculpas usadas contra esse segredo

Como eu disse, quando converso sobre ficar Intocável, as pessoas mostram todo tipo de objeção. Mas isso! Mas aquilo! Então vamos falar sobre elas.

O primeiro: "mas". O grande "mas".

Mas, e quanto a emergências?

Bem, a resposta curta é que nunca há uma emergência, de fato. A resposta longa é que quando Leslie me perguntou sobre emergências, ela não gostou do meu discurso sobre como antes ninguém tinha celulares e todos ficavam incomunicáveis de vez em quando. Nossa cultura está tão orientada a se preocupar com a pior situação possível que algumas pessoas não conseguem mais imaginar ficar sem rastrear a localização dos celulares de seus filhos ou pensar em como contatar o parceiro caso um deles caia da bicicleta. Eu digo: Por favor. As pessoas precisam relaxar. Essa cultura baseada no medo, orientada por preocupações e focada em riscos de desastres precisa de um balde de água fria imediatamente. Nossas glândulas suprarrenais estão esgotadas. Estamos em alerta máximo. Mas eu entendo que estamos em relacionamentos, então quando comecei a fazer isso, como concessão à minha esposa, eu lhe disse que durante os Dias Intocáveis eu abriria a porta do meu carro blindado por uma hora durante o almoço.

O que acontecia então?

Eu ficava diante do zunido de balas de dezessete mensagens de texto, dezenas de e-mails que pareciam urgentes, incontáveis alertas automatizados e atualizações — e exatamente zero emergências da minha esposa. Então, depois de alguns meses, nós paramos com isso e me limitei a só dizer a ela onde eu estaria. Aquilo lhe trouxe a tranquilidade para que, caso algo acontecesse, ela pudesse ligar para onde eu estivesse trabalhando ou simplesmente ir me encontrar. Eu tenho criado Dias Intocáveis há uns dois anos. Nada horrível jamais aconteceu, e Leslie e eu ficamos mais confortáveis sem contato algum durante o dia.

Próximo "mas"!

Mas e se houver uma reunião urgente?

Todo dia há alguém com quem eu preciso falar. Tenho um emprego no qual é extremamente importante que eu esteja sempre disponível. Certo! Captei sua mensagem. Você é um médico de plantão. Um assistente do chefe. Entendi. Então a solução é começar pequeno. Tente um Almoço Intocável. Sem comer com o pessoal no refeitório, só dando um longo passeio. Ou talvez uma Manhã Intocável. Independentemente do seu papel ou posição, você terá a perspectiva de que tanto precisa, finalmente resolverá aquele projeto que vem adiando, ou conseguirá criar um novo jeito de trabalhar que convença a todos que seus momentos de trabalho intocável são importantes também.

SEGREDO Nº 8

Qual o benefício adicional disso? Bom, em empregos nos quais uma equipe ou grupo de pessoas o ajuda a arranjar um Almoço ou uma Manhã Intocável, adivinhe só? Você pode retribuir o favor e ajudar a cobrir um horário quando eles quiserem um. Dias Intocáveis fortalecem vínculos de equipe.

E o último "mas"?

Eu gostaria *muito* que o pessoal da minha equipe tirasse Dias Intocáveis, mas eles têm dificuldade para desconectar.

Isso é interessante e bem comum, na verdade. Esse "mas" se refere a pessoas que respondem e-mails durante as férias. Parece liderança servil, mas na verdade é algo egoísta, porque eles pensam "sou um guerreiro para a equipe!" quando na verdade querem dizer "sou tão importante que ninguém consegue trabalhar sem mim!" e também "sou incapaz de voltar com ideias fresquinhas e inovadoras porque me recuso a abandonar a trincheira!".

Fiz um estudo com uma empresa chamada SimpliFlying no qual testamos os efeitos de férias *obrigatórias*. Publicamos os resultados na *Harvard Business Review* e descobrimos que criar penalidades para quem contata o escritório funcionou muito bem. Sim, diminuíamos os dias de férias remuneradas de quem entrasse em contato com o escritório durante os dias de folga. Então, quer que seu relatório fique Intocável? Diga-lhes para deixar o computador e o celular no escritório e informe que serão formatados se continuarem tentando contato.

Lembre-se: Dias Intocáveis são possíveis.

E vitais.

VOCÊ É SENSACIONAL

Antes de me entregar aos Dias Intocáveis, eu sofria. Escrevia artigos, ministrava palestras, fazia as coisas acontecerem. Mas faltava algo. Quando implementei os Dias Intocáveis, a magia aconteceu. Eu dancei de um lado para o outro. Fiz coisas que nunca imaginara! Escrevi *Você é Sensacional,* uma nova palestra motivacional, esbocei propostas para meus próximos livros e comecei meu podcast *3 Books.*

Temos que enfiar o galho nos raios de nossas bicicletas.

Temos que aprender a abaixar os ruídos e encontrar lagos pequenos de tranquilidade nos quais nossos pensamentos possam se misturar, fermentar e solidificar para nos ajudar a refletir e garantir que estamos no rumo certo.

Isso é crucial para nosso crescimento.

Isso é crucial para ser sensacional.

Você sabe como eu enfio o galho em meus próprios raios e porque acho que há benefícios reais nisso. Então você deve estar se perguntando: com uma bagagem de dois anos de Dias Intocáveis, eu *ainda* tenho o trabalho de agendar cuidadosamente, proteger e preservar um Dia Intocável a cada semana?

Honestamente, a resposta é não.

Agora eu agendo dois.

SEGREDO Nº 8

ACRESCENTE OS TRÊS PONTINHOS

◇

DESVIE O HOLOFOTE

◇

VEJA A COISA COMO UM DEGRAU

◇

CONTE UMA HISTÓRIA DIFERENTE A SI MESMO

◇

PERCA MAIS PARA GANHAR MAIS

◇

REVELE PARA CURAR

◇

ENCONTRE LAGOS PEQUENOS

◇

SEJA INTOCÁVEL

SEGREDO Nº 9

NÃO PARE JAMAIS

A
qui estamos.

No último segredo.

A última volta do carrossel.

Até agora falamos sobre várias maneiras de cultivar a resiliência: de acrescentar os três pontinhos a desviar o holofote, a perder mais para ganhar mais, a encontrar lagos pequenos, a ficar intocável. Essa jornada inteira foi uma viagem. E estamos todos juntos em uma viagem. Minha mãe começou a viagem dela antes de mim e começamos com a história dela.

Meu pai também subiu a bordo antes de mim.

Então vamos encerrar completando o ciclo.

Vamos encerrar com um último segredo que alicerça todas as outras mensagens deste livro.

Meu pai, Surinder Kumar Pasricha, nasceu em uma aldeia chamada Tarn Taran, na Índia, em 1944.

Se você perguntar o dia do aniversário dele, ele dirá que não sabe. Não havia registros na época. Um dia você não existia, no outro, existia.

Ninguém achava que compensava anotar.

Eu acho que havia muitas crianças para poucos cadernos.

É engraçado que eu só tenha conhecido fatos básicos da vida do meu pai — nome, cidade natal, data de nascimento — depois de adulto.

Sempre achei que meu pai nascera em Nova Déli até que um dia, quando eu tinha uns vinte e tantos anos, estava zapeando pelos canais da TV na casa da minha irmã e passou uma cena do filme *Gandhi*, exibindo o famoso templo dourado de Amritsar, Índia.

"Eu nasci aí", disse meu pai. "Na verdade, em uma aldeola perto de lá chamada Tarn Taran."

Eu fiquei confuso. "O quê? Eu achava que você era de Nova Déli."

"Não, não", disse ele. "Eu *cresci* em Nova Déli, eu *estudei* em Nova Déli."

"Mas você sempre fala que veio de Nova Déli quando perguntam."

"Neil", suspirou ele, "é só para facilitar. Todo mundo já ouviu falar de Nova Déli".

É só para facilitar.

Essas foram as famosas palavras do meu pai.

Mas ele não facilitou só a cidade natal. Ele facilitou o próprio nome também.

Quando ele começou a dar aulas de física e matemática no Colégio Dunbarton, em Pickering, Ontario, nenhum dos professores conseguia pronunciar o nome dele. Ninguém conseguia dizer "Surinder" adequadamente.

SEGREDO N° 9

E então eles o chamavam de Surrender.

Surrender [Se render].

Pouco depois que chegou ao Canadá, ele disse a si mesmo: "Eu não vim até aqui para *me render*. Eu vim para crescer, aprender e melhorar."

Na próxima vez que um colega na sala dos professores perguntou como ele se chamava, usou o nome do meio e disse: "Kumar, mas pode me chamar de Ken."

Ken. *Quem*. Soava melhor para ele.

Sou Ken. *Surinder, não.*

Sou Quem. Se render? Não.

E ele tem sido Ken por quase cinquenta anos.

Meu pai escolheu meu nome e o da minha irmã. Neil e Nina, porque eram fáceis de soletrar, pronunciar, dizer, escrever e conviver. Claro, ele adorava os nomes que os irmãos dele deram aos sobrinhos, que também cresceram perto de Toronto. Lindos nomes indianos como Ajai, Rajeev, Rajash, Nishant, Vinita, Manju.

Mas ele queria se integrar.

Ele queria que *nós* nos integrássemos.

Então aqueles nomes não eram para ele.

Por quê?

Só para facilitar.

VOCÊ É SENSACIONAL

A pesquisadora Brené Brown chama a nossa geração de a mais "classificada" da história. Classificada. No sentido de que estamos todos inseridos em diferentes ideais, sistemas de valores e afiliações, e se você não está *conosco*, está *contra nós*. Tanta classificação! Tanta animosidade.

Adotar uma visão como a do meu pai — fazer algo que poderia apenas *facilitar* as coisas para os outros — é uma forma generosa de viver. Não digo que se deva destruir valores, desonrar tradições ou quebrar a bússola moral e mandar a agulha dela às favas. Não! Não digo que você deva abrir mão de partes do seu ser que valoriza. Só que quando você puder facilitar as coisas para outras pessoas sem se prejudicar... faça isso.

1

Há magia em fazer coisas com simplicidade

Meu pai cresceu em uma casinha de tábuas em uma rua sem asfalto e dividia um quarto minúsculo com seus três irmãos e sua irmã. Ele tinha só três anos quando a mãe dele faleceu de causas desconhecidas e, de repente, a família teve dificuldades para se manter.

Enquanto o pai dele tocava uma loja de máquinas de costura Singer em Amritsar, sua avó idosa foi cuidar dele e de seus irmãos, que aprenderam a se cuidar, poupar e criar uns aos outros durante vinte anos. Meu pai tinha uma irmã chamada Swedesh. E quais eram os nomes dos quatro irmãos? Vijay, Ravinder, Jatinder e Surinder.

É sério!

Não tem como inventar isso.

A escola era importante e matemática era a especialidade do meu pai. Ele fazia tabuada e álgebra em uma chapa de ardósia, *As Aventuras do Sr. Pickwick* era a leitura obrigatória e a aula de educação física consistia em correr ao redor do pátio cheio de pedrinhas e ervas daninhas da escola.

VOCÊ É SENSACIONAL

À noite ele ficava até tarde passando camisas na loja de máquinas de costura, ou lavando roupas nos fundos da loja, para que o pai ficasse na frente para vender.

Até hoje, nas poucas noites que passo na casa dos meus pais, meu pai insiste em passar minhas roupas. Quando vou ao banheiro às seis da manhã, eu vislumbro meu pai passando minha camisa no corredor do andar de cima antes que eu saia para o trabalho.

E isso sempre me faz sorrir.

Eu só vi uma foto do meu pai ainda criança, um retrato preto e branco e borrado dele ao lado de uma bicicleta com um de seus irmãos mais velhos.

Meias altas, rostos sem expressão e cabelo bem penteado davam uma ideia da infância simples cheia de grandes sonhos. Meu pai adorava matemática e acabou abandonando Charles Dickens para juntar suas economias, dar aulas à noite e ir pedalando à Universidade de Déli durante cinco anos até obter seu mestrado em física nuclear, em 1966. Depois da universidade ele se candidatou para imigrar para o Canadá e foi aceito.

Quando eu perguntei a ele o motivo de escolher o Canadá, ele respondeu "eu pesquisei o ranking dos melhores lugares para se viver. No topo da lista, estavam os países escandinavos, mas eles não aceitavam imigrantes. Em seguida estavam Canadá e os Estados Unidos. Então eu me candidatei em ambos e a carta de aceitação do Canadá chegou primeiro".

Assim como um rapaz se candidatando a universidades.

O motivo pelo qual nossas vidas inteiras se passaram no Canadá foi ele ter recebido a carta do Canadá primeiro.

SEGREDO N° 9

Quantas grandes decisões você já tomou só porque recebeu aquela carta primeiro?

Você está mexendo no seu telefone agora? Aposto que há três aplicativos de redes sociais com notificações esperando para atrair sua atenção. Hoje estamos cercados por incontáveis distrações. Ignore os 23 tipos de pasta de dente e 14 tipos de papel higiênico dentre os quais você precisa escolher ao fazer uma parada no mercado no caminho de casa.

Há magia em se fazer coisas com simplicidade.

Em fazê-las *facilmente.*

Sem todo processo de pensar que dedicamos a cada decisão hoje.

Que tal esta então?

O primeiro país de que recebeu uma carta?

Mude-se e more lá pelo resto de sua vida.

2

Eles não estão errados.
Você não está certo.

Eu não sou o único que defende que decisões devem ser simples.

O professor Daniel Gilbert, de Harvard, de quem falamos anteriormente, chama isso de "a alegria imprevista de estar totalmente encalhado". Ele mostra que as decisões que costumamos julgar como *melhores* são aquelas em que acreditamos não ter nenhuma escolha. Mas, e se tivéssemos? Então estaríamos inclinados a questioná-las. Dúvidas, divagações, e aqueles "e se" começam a aparecer. Da mesma forma, Barry Schwartz, autor de *O Paradoxo da Escolha*, observa que "apesar dos norte-americanos modernos terem mais escolhas do que qualquer outro grupo de pessoas já teve antes, e, portanto, presumidamente mais liberdade e autonomia, me parece que não estamos nos beneficiando disso psicologicamente".

Sobre quais decisões da sua vida você está pensando demais?

Eu entendo que todos nós queremos maximizar as coisas. Até precisamos! Devemos! O melhor encontro! A melhor festa! A melhor escola! A melhor casa!

VOCÊ É SENSACIONAL

Mas se você acha que poderia gostar de qualquer uma das opções ao seu dispor... bem, escolha apenas uma.

Diga a si mesmo que não tem escolha.

E não pare jamais.

No caso do meu pai, ele achou que gostaria do Canadá ou dos Estados Unidos e a carta do Canadá chegou primeiro.

Então, ele chegou a Toronto com US$8 no bolso, que ele gastou nos primeiros dois dias.

Meu pai se empregou como o primeiro professor de física de ensino médio no distrito escolar local. "Física é a rainha de todas as ciências", dizia ele, sorrindo. E ele também se parecia com um físico, com seu cabelo preto ondulado, costeletas espessas e longas e óculos grandes e quadrados. Às vezes, eu o via como um tipo de Einstein indiano.

As costeletas nunca saíram de moda para meu pai. Ele é a pessoa mais totalmente indiferente à moda que conheço. Mesmo quando Jason Priestley e Luke Perry popularizaram as costeletas novamente em *Barrados no Baile* e todos os estudantes que podiam exibiam costeletas grandes, meu pai aparou as dele? Não, ele só passou um ano *na moda*.

Meu pai é muito regrado. É o cara que anda no limite de velocidade na pista direita da rodovia enquanto todos o ultrapassam sem parar. Ninguém mais respeita o limite de velocidade.

Quando éramos crianças, costumávamos fazer piadas e pedir a ele para dirigir mais rápido, e então ele dizia: "O que acontece se

SEGREDO Nº 9

chegarmos lá cinco minutos antes?" Ele sempre saía cinco minutos mais cedo e dirigia no limite de velocidade.

Meu pai é o cara que avisa a moça do caixa que ela deu uma moeda a mais de troco por engano.

E sua honestidade certamente o faz ser terrível em jogos de tabuleiro.

Minha família adorava se reunir para jogos de tabuleiro, mas meu pai nunca aprendeu a jogar bem. O pior para ele era o Monopoly. Ele sabia atirar os dados, andar com o peão no tabuleiro, mas nunca ganhava. Por quê? Porque se ele parasse na sua propriedade e você se esquecesse de cobrar dele, ele o avisaria.

Ele separava os US$20 dele e entregava orgulhoso como se dissesse "Obrigado! Obrigado por me deixar ficar em sua casinha verde chique na Avenida Báltica".

"Pai", dizíamos meneando a cabeça. "Se esquecermos de cobrar de você, não nos conte. É assim que se consegue mais dinheiro! É assim que você ganha o jogo!"

Mas ele não entendia isso.

Ele dizia: "Se eu ficar em sua propriedade, devo pagar meu aluguel. E você precisa me pagar se cair na minha e todos nós seríamos mais felizes em vez de tentar enganar um ao outro o tempo todo como vocês fazem."

Meu pai estava tentando nos ensinar uma coisa.

Ele sempre estava tentando nos ensinar algo.

Porque, mais do que qualquer coisa, ele era isso: um professor.

VOCÊ É SENSACIONAL

Quando eu chegava em casa com meu livro de exercícios de física ou matemática e tinha dificuldades, meu pai puxava uma cadeira ao lado da minha e tentava me ensinar como fazê-los. Se mesmo assim eu não entendesse, ele tentava de novo, mas dessa vez, de um jeito diferente. E assim ele fazia repetidamente, até que eu, como um dos milhares de alunos a quem ele lecionou, finalmente entendesse.

Ele não parava jamais.

É como aqueles carrinhos de brinquedo cujas rodas você fricciona para trás e quando ele acerta uma parede, vira e segue outro rumo.

Há uma lição nisso.

Vivemos em uma época em que, se alguém não nos entende, mostramos impaciência, frustração ou surpresa. Falamos de novo. Gritamos! Batemos na mão! Falamos mais devagar. Então, quando alguém não apenas repete as coisas, *mas muda o que diz,* sabemos que ele tem uma visão diferente. Não é *você* que não entende. O assunto que é *difícil* de entender. E a responsabilidade passa para a pessoa que está tentando explicar.

Sei que preciso melhorar e lembrar que *não é culpa dos outros* se alguém não entende o que estou dizendo. É culpa minha.

Essa é a raiz da verdadeira empatia.

Meu pai nunca elevou a voz ou ficou impaciente. Nunca fez com que eu me sentisse lento por não conseguir acompanhar um racio-cínio. Apenas mudava a maneira de ensinar até sua mensagem ser entendida.

De certo modo, tudo o que fazemos é ver, aprender e tentar coisas de maneiras novas.

SEGREDO N° 9

E, além de não parar jamais, meu pai acreditava que *nenhum tipo de ensino era restrito*. Ele explicou para mim taxas de hipoteca quando eu tinha 3 anos. Me explicou sobre seguros de vida quando eu tinha 4 anos. E consigo me lembrar claramente de lhe perguntar sobre o mercado de ações quando eu tinha 5 ou 6 anos. Eu ficava encantado por todas aquelas páginas do jornal com letras miúdas em colunas. Como sempre, ele viu uma oportunidade de aprendizado e fez um joguinho para mim.

"Escolha uma coisa que você gosta", disse ele.

"Hum, Coca-Cola!", respondi.

"Certo", disse ele. "Olhe só. Repare nesse KO no jornal. É a Coca-Cola. Custa US\$50. Por US\$50 você pode comprar uma ação da Coca-Cola. Isso significa que você será dono de uma parte da empresa. Você quer comprar algumas ações?"

Claro que eu queria! Eu tinha algum dinheiro guardado, então eu dei tudo ao meu pai, e ele comprou duas ações da Coca-Cola para mim.

Meu pai e eu compramos uma cartolina bem grande e fizemos um gráfico linear do preço das ações da Coca-Cola do lado esquerdo, com as datas na parte de baixo. Ele me ensinou como conferir o preço das ações todo dia e acompanhar quanto minhas ações valiam. Eu não conseguia acreditar quando as ações subiam várias vezes seguidas. Ele me ligou à ideia de que o dinheiro pode mesmo crescer se você colocá-lo no lugar certo.

E também: nunca subestime a demanda por água com açúcar.

3

Cada conexão é uma oportunidade

Meu pai acreditava que toda situação era uma oportunidade para uma conexão, e ele dominava a arte de aprender com estranhos.

Eu me lembro de pegar muitas filas com ele. Íamos ao banco ou íamos trocar o óleo do carro. Antes havia muito mais filas, esperas mais longas. E, não importa onde estivéssemos, meu pai sempre começava uma conversa com alguém perto dele, meio que para tirá-los da monotonia. Ele fazia o caixa do banco rir ou puxava papo com a garçonete sobre algum time local. Se você quisesse falar sobre ações, meu pai falava de ações. Se quisesse falar de filmes, ele falava de filmes. Se quisesse conversar sobre Margaret Thatcher, manutenção de automóveis ou preço do ouro, meu pai conversaria sobre isso também.

VOCÊ É SENSACIONAL

Ele sempre encontrava conexões rápidas entre ele e um estranho qualquer. Normalmente começava com um palpite. "Poupando para a faculdade?", perguntava ele. "Cuidando das crianças?", ou qualquer coisa que fosse. Se eles estivessem dispostos, então um aceno de cabeça virava dois ou mais e eu o observava fazer isso o tempo todo, regularmente, transformando conexões em pequenos momentos de beleza que despertavam o melhor nas pessoas.

Um dos meus projetos mais queridos hoje é meu podcast *3 Books*. Nele eu converso sobre livros com meus heróis! Eu me sentei ao lado de Judy Blume e conversei sobre por que livros precisam de mais cenas de sexo; com Mitch Albom sobre o que é importante na vida depois que você encontrou sentido e propósito; e com David Sedaris sobre o que impulsiona o desejo intrínseco que muitos de nós temos de desejar sempre mais. Eu deveria ficar nervoso com essas conversas. E fico! Mas eu também sei que a cada vez que me sento, fico menos nervoso porque tive algumas décadas de experiência vendo meu pai fazer o mesmo.

Eu também via a mente impiedosamente curiosa dele compartilhar informações que não eram de conhecimento comum e pedir informações em troca. Era um jogo que ele sempre jogava. Era um toma lá, dá cá. Ele via as maquinações da indústria e a economia ao redor dele e sempre imaginava como, quanto e se podíamos.

Então ele dizia à dona do restaurante: "O aluguel de um restaurante desses custa quanto? US$2 por metro quadrado? Minha sobrinha paga US$2,50 ali no outro quarteirão, mas é um imóvel de esquina." E então ela dizia quanto era o aluguel e ele fazia as contas comigo. "Veja as telhas, elas têm meio metro cada, conte-as na horizontal e na vertical. Quantas são? Certo, temos um total de 533 metros quadrados, por cerca de US$2 por metro quadrado, quer dizer que eles pagam aproximadamente US$13 mil de aluguel por ano, certo?"

E ele continuava, brincava com os números, sempre com matemática simples a serviço de provar algo maior. "Eles provavelmente precisam servir cinquenta almoços por dia para ganhar dinheiro", dizia meu pai. "É um montão de bolos de carne! É uma trabalheira. Não acho que conseguiríamos."

Pergunte sempre.

Não pare jamais.

4

Você só pode ir em frente

Meu pai só conhecia uma direção. À frente.

Quando eu era criança, perguntava a ele se algum dia nós voltaríamos à Índia para visitar quaisquer primos distantes ou tios--avós que ele tinha lá.

"Vá você", disse ele. "Eu vou para Miami embarcar em um cruzeiro."

A ideia dele de prazer era uma torta de sorvete servida com vista para o mar brilhante do lado de fora da pequena escotilha. Suas lembranças da Índia eram congestionamento, poluição e pobreza. Ele não tinha interesse em voltar lá fisicamente — e também não estava interessado em voltar lá mentalmente.

Então, nunca voltou para uma visita.

Para frente.

Ele sabia o que valia a preocupação e o que não valia.

VOCÊ É SENSACIONAL

Sabia o que era importante e o que não era.

Sabia o que era essencial e o que era só uma questão de seguir em frente.

Quando tenho alguma dificuldade, dou de cara com um muro, sou demitido ou perco uma chance; ou quando acordo de manhã e quero começar tudo do zero outra vez... Penso no meu pai e seu lema de uma só direção.

E este é o último passo no caminho ao sensacional.

O fato de que só podemos, de fato, ir em frente.

E que a questão é apenas começar a ir nesse rumo.

E não parar jamais.

SEGREDO Nº 9

ACRESCENTE OS TRÊS PONTINHOS

◇

DESVIE O HOLOFOTE

◇

VEJA A COISA COMO UM DEGRAU

◇

CONTE UMA HISTÓRIA DIFERENTE A SI MESMO

◇

PERCA MAIS PARA GANHAR MAIS

◇

REVELE PARA CURAR

◇

ENCONTRE LAGOS PEQUENOS

◇

SEJA INTOCÁVEL

◇

NÃO PARE JAMAIS

FONTES

Apresentação

Denizet-Lewis, Benoit. "Why Are More American Teenagers than Ever Suffering from Severe Anxiety?", *The New York Times*, 11 de outubro de 2017.

Segredo Nº 1

Brannigan, Tania. "China's Great Gender Crisis", *The Guardian*, 2 de novembro de 2011. https://www.theguardian.com/world/2011 /nov/02/chinas-great-gender-crisis

Brink, Susan. "Goats and Soda: Selecting Boys over Girls Is a Trend in More and More Countries", *NPR*, 26 de agosto de 2015. http://www.npr.org/sections/goatsandsoda/2015/08/26 /434616512/selecting-boys-over-girls-is-a-trend-in-more-and-more-countries

"Dowry." Wikipedia. Modificado pela última vez em 23 de abril de 2019. https://en.wikipedia. org/wiki/Dowry

"Code of Hammurabi." Wikipedia. Modificado pela última vez em 30 de abril de 2019. https://en.wikipedia.org/wiki/Code_of_Hammurabi

Mahalik, James R., Elisabeth B. Morray, Aimée Coonerty Femiano, Larry H. Ludlow, Suzanne M. Slattery e Andrew Smiler. "Development of the Conformity to Feminine Norms Inventory", *Sex Roles* 58, nº 7/8 (Abril de 2005). https://pdfs.semanticscholar. org/b10e/2703efb7fd9558e81866d14606b0f2abeb30.pdf

Shin, Jiwoong e Dan Ariely. "Keeping Doors Open: The Effect of Unavailability on Incentives to Keep Options Viable", *Management Science* (Maio de 2004). http://citeseerx.ist.psu. edu/viewdoc/download?doi=10.1.1.580.954&rep=rep1&type =pdf

Segredo Nº 2

Huang, Karen, Alison Wood Brooks, Ryan W. Buell, Brian Hall e Laura Huang. 2018. "Mitigating Malicious Envy: Why Successful Individuals Should Reveal Their Failures", *Harvard Business School Working Paper*, nº 18-080, fevereiro de 2018. https://www.hbs.edu/ faculty/Publication%20Files/18 –080_56688b05–34cd-47ef-adeb-aa7050b93452.pdf

Keizer, Anouk, Monique A. M. Smeets, H. Chris Dijkerman, Siarhei A. Uzunbajakau, Annemarie van Elburg, Albert Postma e Manos Tsakiris, eds. "Too Fat to Fit through the Door: First Evidence for Disturbed Body-Scaled Action in Anorexia Nervosa during Locomotion", *PLoS One 8*, nº 5 (Maio de 2013). https://www.ncbi.nlm.nih.gov/pmc/ articles /PMC3667140/

"Scouts Seek Models at Swedish Anorexia Clinic", *The Local*, 18 de abril de 2013. https:// www.thelocal.se/20130418/47404#.UXABgitg8yE.

FONTES

Breslaw, Anna. "Sad: Anorexics Try To 'Squeeze' Through Doorways They Could Easily Walk Through", *Cosmopolitan*, 12 de junho de 2013. https://www.cosmopolitan.com/ health-fitness /news/a13221/anorexia-squeeze-doorways-study/

Gilovich, Thomas e Kenneth Savitsky. "The Spotlight Effect and the Illusion of Transparency: Egocentric Assessments of How We Are Seen by Others", *Current Directions in Psychological Science* 8 (6) (1 de dezembro de 1999): 165–168. https:// journals.sagepub.com/ doi/10.1111/1467–8721.00039

Starecheski, Laura. "Why Saying Is Believing—The Science of Self-Talk", *Morning Edition*, NPR, 7 de outubro de 2014. https://www.npr.org/sections/health-shots/2014/10/07/353292408/ why-saying-is-believing-the-science-of-self-talk

Segredo Nº 3

Quoidbach, Jordi, Daniel T. Gilbert e Timothy D. Wilson. "The End of History Illusion", *Science* 339, no. 6115 (2013): 96–98. http://science.sciencemag.org/content/339/6115/96

Tierney, John. "Why You Won't Be the Person You Expect to Be", *The New York Times*, 3 de janeiro de 2013. https://www.nytimes.com/2013/01/04/science/study-in-science-shows-end-of-history-illusion.html

Miller, Greg. "Your Elusive Future Self", *Science*, 3 de janeiro de 2013. https://www. sciencemag.org/news/2013/01/your-elusive-future-self

Vedantam, Shankar. "You vs. Future You; Or Why We're Bad at Predicting Our Own Happiness", *Hidden Brain*, NPR, 23 de agosto de 2016. Audio, 24:1. https://www.npr. org/templates/tran script/transcript.php?storyId=490972873

"Average woman will kiss 15 men and be heartbroken twice before meeting 'The One,' study reveals", *The Telegraph*, 1 de janeiro de 2014, https://www.telegraph.co.uk/news/ picturegalleries/how aboutthat/10545810/Average-woman-will-kiss-15-men-and-be-heartbroken-twice-before-meeting-The-One-study-reveals.html

Segredo Nº 4

"Shame", *Lexico Online*, powered by Oxford. https://www.lexico.com/en/definition/shame. Acessado em 21 de junho de 2019.

Mahalik, James R., Benjamin D. Locke, Larry H. Ludlow, Matthew A. Dieme, Ryan P. J. Scott, Michael Gottfried, Gary Freitas. "Development of the Conformity to Masculine Norms Inventory", *Psychology of Men & Masculinity* 4, nº 1 (2003): 3–25. http://www. psychwiki.com/dms/other/labgroup/Measu235sdgse5234234resWeek2/Krisztina2/ Mahalik2003.pdf

Brown, Brené. "Shame v. Guilt", *Brené Brown, LLC*. 14 de janeiro de 2013. https://brenebrown. com/blog/2013/01/14/shame-v-guilt/

Brown, Brené. "Listening to Shame". Filmado em 2 de março de 2012, em Long Beach Califórnia. Vídeo de TED, 20:32. https://www.ted.com/talks/brene_brown_listening_to_shame/ transcript#t-1219024

Golden, Bernard. *Overcoming Destructive Anger.* Baltimore: Johns Hopkins University Press, 2016.

FONTES

Heshmat, Shahram. "5 Factors That Make You Feel Shame", *Psychology Today*, 4 de outubro de 2015. https://www.psychologyto day.com/us/blog/science-choice/201510/5-factors-make-you-feel-shame

Sznycer, Daniel, John Tooby, Leda Cosmides, Roni Porat, Shaul Shalvi e Eran Halperin. "Shame Closely Tracks the Threat of Devaluation by Others, Even across Cultures", *Proceedings of the National Academy of Sciences* 113, n° 10 (Março de 2016): 2625–2630. http://www.pnas.org/content/113/10/2625

Rhinehart, Luke. *The Book of Est*. Nova York: Holt, Rinehart and Winston, 1976.

Dweck, Carol S. Mindset: *The New Psychology of Success*. Nova York: Penguin Random House LLC, 2006.

Steiner, Susie. "Top Five Regrets of the Dying", *The Guardian*, 1 de fevereiro de 2012. https://www.theguardian.com/lifeandstyle/2012/feb/01/top-five-regrets-of-the-dying

Segredo Nº 5

Sacks, Mike. *And Here's the Kicker: Conversations with 21 Top Humor Writers on Their Craft*. Cincinnati: Writer's Digest Books, 2009.

Godin, Seth. Interviewed by Tim Ferris. "Seth Godin on How to Say 'No,' Market Like a Professional, and Win at Life", *The Tim Ferris Show*. 1 de novembro de 2018.

Godin, Seth. Interviewed by Jonathan Fields. "Seth Godin: Learn to See, Leave Them Changed", *Good Life Project*. 13 de novembro de 2018.

Manson, Mark. *The Subtle Art of Not Giving a F*ck*. Nova York: HarperCollins, 2016.

Forleo, Marie. How to Stop Caring About Things that Don't Matter [Episódio 41]. *The Marie Forleo Podcast*. https://podcasts.apple.com/ca/podcast/the-marie-forleo-podcast/id1199977889

Segredo Nº 6

Bullard, Gabe. "The World's Newest Major Religion: No Religion", *National Geographic*, 22 de abril de 2016. http://news.nationalgeographic.com/2016/04/160422-atheism-agnostic-secular-nones-rising-religion/

Twenge, Jean M., Julie J. Exline, Joshua B. Grubbs, Ramya Sastry e W. Keith Campbell. "Generational and Time Period Differences in American Adolescents' Religious Orientation, 1966–2014", *PLoS One* 10, n° 5 (2015). https://journals.plos.org/plosone/article?id=10.1371/journal.pone.0121454

Murthy, Vivek. "Work and the Loneliness", *Harvard Business Review*, 17 de setembro de 2018.

Brassen, Stefanie, Matthias Gamer, Jan Peters, Sebastian Gluth e Christian Büchel. "Don't Look Back in Anger! Responsiveness to Missed Chances in Successful and Nonsuccessful Aging", *Science* 336, n° 6081 (4 de maio de 2012): 612–614. http://science.sciencemag.org/content/336/6081/612

Baumeister, Roy e John Tierney. *Willpower: Rediscovering The Greatest Human Strength*. Nova York: Penguin Group, 2011.

FONTES

Schulte Brigid. "Do These Exercises for Two Minutes a Day and You'll Immediately Feel Happier, Researchers say", *Washington Post*, 29 de junho de 2015. https://www.washingtonpost.com/news/inspired-life/wp/2015/06/29/do-these-exercises-for-two-minutes-a-day-and-youll-immediately-feel-happier-researchers-say/?utm_term=.fbc3f4b364b2

Segredo Nº 7

Marsh, H. W. e J. W. Parker. "Determinants of student self-concept: Is it better to be a relatively large fish in a small pond even if you don't learn to swim as well?", *Journal of Personality and Social Psychology* 47, nº 1 (1984): 213–231. http://dx.doi.org/10.1037/0022–3514.47.1.213

"Big-fish-little-pond effect." Wikipedia. Modificado pela última vez em 6 de maio de 2018. https://en.wikipedia.org/wiki/Big-fish%E2%80%93 little-pond_effect

Segredo Nº 8

Schwartz, Alexandra. "Improving Ourselves to Death", *The New Yorker*, 8 de janeiro de 2018. https://www.newyorker.com/magazine/2018/01/15/improving-ourselves-to-death

Wu, Tim. "In Praise of Mediocrity", *The New York Times*, 29 de setembro de 2018. https://www.nytimes.com/2018/09/29/opinion/sunday/in-praise-of-mediocrity.html

Leroy, Sophie. "Why Is It So Hard to Do My Work? The Challenge of Attention Residue When Switching between Work Tasks", *Organizational Behavior and Human Decision Processes* 109, nº 2 (Julho de 2009): 168–181. https://www.sciencedirect.com/science/article/pii/S0749597809000399

Segredo Nº 9

Gilbert, Daniel. *Stumbling on Happiness*. New York: Random House, 2006.

Schwartz, Barry. "The Paradox of Choice." Filmado em julho de 2005 em Oxford, UK. Vídeo de TED, 19:37. https://www.ted.com/talks/barry_schwartz_on_the_paradox_of_choice

Projetos corporativos e edições personalizadas dentro da sua estratégia de negócio. Já pensou nisso?

Coordenação de Eventos
Viviane Paiva
viviane@altabooks.com.br

Assistente Comercial
Fillipe Amorim
vendas.corporativas@altabooks.com.br

A Alta Books tem criado experiências incríveis no meio corporativo. Com a crescente implementação da educação corporativa nas empresas, o livro entra como uma importante fonte de conhecimento. Com atendimento personalizado, conseguimos identificar as principais necessidades, e criar uma seleção de livros que podem ser utilizados de diversas maneiras, como por exemplo, para fortalecer relacionamento com suas equipes/ seus clientes. Você já utilizou o livro para alguma ação estratégica na sua empresa?

Entre em contato com nosso time para entender melhor as possibilidades de personalização e incentivo ao desenvolvimento pessoal e profissional.

PUBLIQUE **SEU LIVRO**

Publique seu livro com a Alta Books. Para mais informações envie um e-mail para: autoria@altabooks.com.br

CONHEÇA OUTROS LIVROS DA **ALTA LIFE**

Todas as imagens são meramente ilustrativas.

 /altabooks /alta-books /altabooks /altabooks

Este livro foi impresso nas oficinas gráficas da Editora Vozes Ltda.,
Rua Frei Luís, 100 – Petrópolis, RJ.